KARINE FERRI

Une vie en équilibre

MIXTE
Papier
FSC FSC® C003309

L'éditeur de cet ouvrage s'engage dans une démarche
de certification FSC® qui contribue à la préservation
des forêts pour les générations futures.

Pour en savoir plus :
www.editis.com/engagement-rse/

ISBN : 978-2-221-25552-0
Dépôt légal : octobre 2021
Éditions Robert Laffont – 92, avenue de France 75013 Paris

KARINE FERRI

Une vie en équilibre

Robert Laffont

« SOYEZ VOUS-MÊME,
TOUS LES AUTRES
SONT DÉJÀ PRIS. »

OSCAR WILDE

Sommaire

UNE VIE EN ÉQUILIBRE

Avant-propos

Pourquoi ce livre ?
Pour répondre à des questions qui reviennent souvent, poser sur le papier qui je suis, l'espace d'un instant. Pour tenter aussi de répondre à mes propres interrogations : comment concilier vie de femme, vie professionnelle et vie de mère ? Comment surmonter les petits et les gros tracas du quotidien ?

Si j'ai compris une chose en écrivant, c'est qu'il n'existe pas une seule vraie bonne réponse. J'ai tenté de livrer des astuces de ma vie quotidienne, en faisant appel aussi bien à la Karine discrète, timide, qui préserve son jardin secret qu'à celle qui assume d'être une femme de la lumière, qui aime le glamour, l'adrénaline et les applaudissements.

Quand la vie met sur mon chemin une épreuve, je fais appel à la Karine forte et résiliente, et je me souviens de ce que m'apporte mon costume de scène. Alors les émotions sont plus faciles à gérer, bien qu'il n'y ait pas de formule magique.

Quand je suis à Paris pendant plusieurs jours, que j'enchaîne les enregistrements, les primes, les shootings et autres événements exaltants mais fatigants, je fais appel à la maman de deux incroyables enfants et à la femme d'un homme exceptionnel. Penser à ma famille, à mes enfants, voilà qui me remonte instantanément le moral et me donne toute l'énergie dont j'ai besoin pour relever les défis que chaque nouvelle journée m'offre.

Il y a toujours eu en moi ces deux Karine : elles cohabitent très bien, et s'entraident, à des moments parfois inattendus. Elles sont indissociables.

Et si, vous aussi, vous faisiez de vos multiples facettes une force, pour vous construire une vie… en équilibre ?

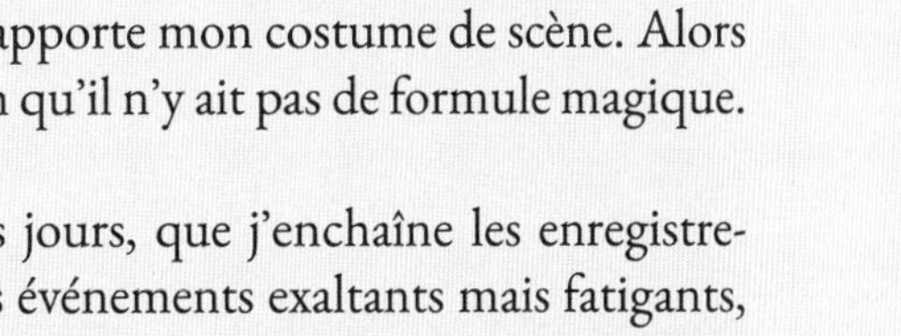

CHAPITRE 1

Être née *quelque part*...

Difficile de parler de mon équilibre personnel sans commencer par évoquer mes origines familiales. Je suis une femme du Sud : d'origine italienne et portugaise, j'ai passé toutes mes vacances plus jeune, dans le sud de la France.

L'odeur de la garrigue et des champs de lavande, le chant des cigales l'été, les oliviers, les magnifiques bougainvilliers, le bruit des vagues sur les rochers... tous ces souvenirs que j'associe aux moments heureux de mon enfance sont désormais l'une des plus grandes sources de réconfort. J'ai aussi un attachement tout particulier pour les marchés, les couleurs, les odeurs. Ils sont un rituel cher à mon cœur, un endroit où les sensations sont décuplées. Ce sont mes madeleines de Proust.

LA PUISSANCE DE L'ÉNERGIE DES LIEUX
PEUT FAIRE DES MIRACLES
SUR LA CONFIANCE EN SOI

Mon histoire aux quatre coins de la France *et d'ailleurs*

J'ai été élevée par un père d'origine italienne et une mère portugaise, tous deux très attachés à leurs traditions et aux valeurs de partage et d'hospitalité. Je crois d'ailleurs que c'est pour cela que mes parents et mes grands-parents ont élu domicile dans le sud de la France, où j'imagine qu'ils n'ont pas vraiment été dépaysés.

Il y a quelques années, mon mari et moi sommes tombés amoureux d'une maison face à la mer, coupée du monde, entourée d'oliviers et de roches rouges. Cette maison, c'est mon refuge : dès que je peux m'y rendre quelques jours, je n'hésite pas un seul instant.

Le soleil est pour moi un carburant, un repère, une source de plénitude.

J'ai rapporté dans mes valises quelques brins de lavande du Sud. Plutôt que de les faire sécher, j'ai tenté de les planter dans notre jardin en Bretagne, où nous vivons durant l'année. Et mes boutures ont pris ! S'entourer de beauté et de belles évocations : et si c'était le début du bonheur ?

LA CLÉ DU BONHEUR

LA CIGALOTHÉRAPIE

Juste avant de quitter la Côte d'Azur, j'ai toujours un pincement au cœur. Alors, l'été dernier, j'ai enregistré sur mon téléphone le chant des cigales. Maintenant, dès que je suis un peu fatiguée, ou déprimée, j'écoute cet enregistrement, qui me comble de bonheur. Un vrai remède à la mélancolie. Quand je rentre dans le Sud, l'une des premières choses que je fais toujours, c'est d'aller me promener dans le massif de l'Estérel, pour admirer ses roches rouges.

LA CLÉ DU BONHEUR

Pour être ancrée, rien de mieux que de se choisir un totem, végétal ou animal.
L'olivier est mon arbre préféré.
Il symbolise pour moi la robustesse.
Une qualité dont j'ai besoin en permanence, aussi bien quand je suis devant les caméras que quand je retrouve ma famille.
Et vous, quel est votre totem ?

Sur cette photo, il y a (presque) tous les ingrédients du bonheur : la Méditerranée, l'Estérel, du soleil et… mon mari et mes enfants derrière l'objectif, bien sûr.

Que tu es belle, île d'or ! J'aime tes roches rouges qui se reflètent dans l'azur de la Méditerranée. Cette île magnifique, que l'on aperçoit depuis Le Dramont, l'une des plages du débarquement de Provence, est l'un de mes paysages-ressource : j'y pense quand la grisaille parisienne pèse sur mon moral. C'est aussi l'Île noire de Tintin, et ça fait rêver l'enfant qui sommeille en chacun de nous.

Une balade entre *mer et montagne*

La région que je connais le mieux, dans le sud de la France, c'est le Var. Et pour en goûter pleinement les charmes, rien ne vaut une promenade entre le massif de l'Estérel et la mer où s'étend sur des kilomètres une route qui s'appelle la Corniche d'Or. Elle relie plusieurs villes et calanques emblématiques de la région : Saint-Raphaël, Boulouris, Le Dramont, Agay, Anthéor, Le Trayas, Théoule, Mandelieu puis Cannes. À pied ou en voiture, emprunter la Corniche promet de belles découvertes au détour de ses nombreux sentiers. D'un côté, vous pourrez contempler la beauté des roches rouges, de l'autre l'étendue azur à perte de vue, et des criques protégées, toutes plus belles les unes que les autres.

Bien sûr, il s'agit d'une des pépites de la région : en période estivale, cette route de la Corniche attire beaucoup de vacanciers. Mais les criques qu'elle permet de découvrir sont si nombreuses que vous en trouverez forcément une à votre goût, pour passer la journée les pieds dans l'eau sans peiner à trouver un endroit où poser votre serviette.
Prudence : les plages de ces petites criques paradisiaques sont la plupart du temps composées de galets, et leur accès est parfois un peu difficile (chemins en pente, dans les branchages...). Assurez-vous donc d'être bien chaussé (une paire de baskets fera l'affaire, mais il vaut mieux éviter les tongs !), et si vous venez avec des enfants en bas âge, soyez très prudents.

LA BEAUTÉ DES PANORAMAS

Le plus beau panorama de la région, se trouve sur les hauteurs de la Corniche d'or qui relie Saint-Raphaël à Cannes.
On y trouve des fonds marins transparents et la plus grande zone maritime protégée de France, le Cap Roux.

Le soleil, un remède *à la mélancolie*

LA CORNICHE ET SES CRIQUES, MON REFUGE

Mes bonnes adresses dans le Var

LE PANAMA

Quoi ? Le Panama, restaurant les pieds dans l'eau
Où ? Port de la Figueirette, 17 avenue du Trayas, quartier Miramar, Théoule-sur-Mer
Budget ? Pour toutes les bourses (12 € et plus)
Spécialité ? J'adore leurs spaghettis *alle vongole…*

Quand je me balade sur la Corniche, je m'arrête toujours à Théoule, au restaurant Le Panama, sur le coup de midi. Il s'agit d'une paillote de bord de mer. Des tables et des transats jalonnent la plage de sable fin. On y déguste des salades délicieuses, ainsi que des plats du Sud revisités façon snack, ou encore, si l'on y vient à l'heure de l'apéro, des calamars frits, fraîchement pêchés. Un régal. Le vrai plus : les jet-skis à louer juste en face, et un parcours spécialement conçu pour les enfants.

CHEZ BRUNO

Quoi ? Chez Bruno, un restaurant pour les grandes occasions
Où ? 2 350 route des Arcs, Lorgues
Budget ? Coûteux (80 € et plus)
Spécialité ? La truffe, sous toutes ses formes, de l'entrée au dessert.

Quand nous avons quelque chose à célébrer, nous réservons une table Chez Bruno. Ce restaurant très élégant se situe au cœur d'un jardin luxuriant, planté de fleurs aux parfums subtils et d'espèces méditerranéennes. Dès qu'on y entre, le voyage est immédiat. La particularité de cet endroit, c'est que la truffe est au cœur de chaque plat. Un conseil : pensez à réserver votre table longtemps à l'avance. Le restaurant, connu dans le monde entier, est souvent complet.

LA VILLA MAURESQUE

Quoi ? Un hôtel et un restaurant 5 étoiles inoubliable
Où ? 1792 Route de la Corniche à Saint Raphaël
Budget ? Coûteux, pour les occasions uniques

Une oasis entre palmiers, cigales et roches rouges, un balcon sur la Méditerranée… Le comble du raffinement est atteint ici. L'hôtel propose de nombreuses infrastructures liées au bien-être et le restaurant, Le Bougainvillier, parmi les plus belles terrasses de la Corniche d'or, une délicieuse cuisine du Sud… évidemment.

Paris est *une fête*

Si j'ai besoin de rentrer souvent dans le Sud pour être pleinement épanouie, j'aime aussi l'effervescence parisienne. J'aime de tout mon cœur la capitale, ses cafés emblématiques, toujours pleins à craquer, ses cinémas et ses théâtres, ses musées, et les mille possibilités que la ville offre chaque jour.
C'est l'autre aspect de mon équilibre, un lieu plein d'énergie, celui de mon travail que j'adore. C'est le lieu de la créativité.

Vrai ou faux ?

J'AI FAIT MES ÉTUDES DE LETTRES À PARIS

VRAI. Mon bac L en poche, j'ai débuté une licence de Lettres à Paris 10. Je m'y suis découvert une vraie passion pour la littérature classique, et surtout pour le théâtre.
Quand j'étais au lycée, je suis montée pour la première fois sur les planches. Je jouais dans une pièce de Molière, *Les Précieuses ridicules*.
Le trac mêlé d'excitation m'a permis de dépasser ma timidité, de sortir de ma zone de confort, et je pense que c'est en partie grâce à cette expérience de jeunesse que j'exerce aujourd'hui le métier d'animatrice. Et c'est une sensation que je retrouve chaque fois que je repasse sous les feux des projecteurs.

« Ajoutez deux lettres à Paris : c'est le paradis. »

JULES RENARD

Les lieux que j'aime

J'aime beaucoup le 6e arrondissement qui évoque pour moi de très jolis souvenirs : Vavin, Saint-Germain, les cafés et les restaurants que l'on y trouve – le Café de Flore et les Deux Magots, bien sûr, mais aussi la Coupole, la brasserie Lipp, le Marco Polo.
Ce sont aujourd'hui des endroits un peu chics, mais quand on s'y installe, on est tout de suite transporté à l'idée que moins d'un siècle avant nous, à nos places, se trouvaient des artistes comme Picasso, James Joyce, Hemingway, ou encore Dalì.
Et quand je franchis la Seine, mes pas me portent souvent vers le quartier du Marais, tellement vivant. Les gens s'y assument tels qu'ils sont, et cela me donne de la force pour faire de même. Et puis, beaucoup de mes proches y vivent, ce qui lui donne un attrait particulier.

LE POINT D'OBSERVATION

Quand vous partez à la découverte d'une ville étrangère pour la première fois, installez-vous dans un café, au comptoir, pour sentir l'essence de la ville où vous avez posé vos valises. Un pub londonien, un bouchon lyonnais, un *caffè* à Rome... dès votre arrivée, vous serez en immersion totale.

L'UTILE ET L'AGRÉABLE

Pour associer le plaisir de retrouver Paris et le travail, j'organise mes rendez-vous professionnels dans des endroits que j'aime. Vous aussi, faites-vous une petite liste de refuges incontournables autour de chez vous.

«Paris valait toujours la peine, et vous receviez toujours quelque chose en retour de ce que vous lui donniez.»

ERNEST HEMINGWAY — Paris est une fête

Bretonne *d'adoption*

Yoann, mon mari, est aussi breton que je suis méditerranéenne. Il est né en Bretagne, il y a grandi, il y a même débuté sa carrière de footballeur. Quand on s'est rencontrés, j'ai tout de suite compris à quel point son attachement pour sa région était fort. C'est pourquoi, lorsque nous avons commencé à penser à fonder une famille, l'idée de s'y installer s'est imposée. Ce que j'adore, en Bretagne, c'est que l'on voit souvent passer quatre saisons dans une seule journée. Le climat marin très venteux, les marées, font que le temps peut changer très vite. Et cela me procure une énergie folle !

LE NEZ AU VENT

Il pleut ? Sortez, levez le visage vers le ciel et sentez les gouttes ruisseler. Le soleil brille ? Faites la même chose ! Prenez le temps, même trente secondes, de profiter de sa douce chaleur. Nous avons besoin d'être connectés au temps qu'il fait pour nous recharger.

LOIN DES YEUX, PRÈS DU CŒUR. MERCI LE TÉLÉPHONE !

Quand je suis à Paris et que mon mari est chez nous en Bretagne, avec les enfants, nous nous appelons très souvent dans la journée, simplement pour nous parler, avoir l'impression d'être ensemble. Depuis que l'appel vidéo existe, nous l'utilisons beaucoup, pour que les enfants me voient, tout simplement. C'est devenu notre petit rituel, un vrai moment de partage tous les quatre, une façon pour moi d'être un peu avec eux.

« Si tu prends le monde comme il vient, il te prendra doucement. »

PROVERBE BRETON

LA CLÉ DU BONHEUR

Un peu de musique bretonne *dans mon cœur*

La musique bretonne contemporaine sait faire honneur au folklore celtique tout en s'inspirant du rock ou de la pop.

J'adore le groupe Soldat Louis, que j'ai eu la chance de voir sur scène il y a quelques années. Ma chanson préférée est « C'est un pays ». Il y a aussi Alan Stivell. À la maison, nous écoutons en boucle *Suite sudarmoricaine*.
Dans un autre style, j'apprécie énormément le travail de l'auteur-compositeur et interprète Denez Prigent. Sa chanson « Gortoz a Ran » – « J'attends », en breton –, en duo avec la chanteuse Lisa Gerrard, me donne des frissons : elle raconte l'histoire tragique de toutes ces femmes qui attendent leur époux, partis en mer, sans savoir si elles les reverront un jour. Cette chanson me fait toujours penser aux longues soirées de tempête, où l'on entend la mer déchaînée s'éclater sur les rochers, et où l'on voit parfois les embruns remonter jusque sur les routes.
Si, comme moi, vous avez un faible pour la musique bretonne, nous nous croiserons peut-être au Festival interceltique de Lorient, qui a lieu tous les ans début août. Ce festival rayonne à l'international, et met à l'honneur durant dix jours plus de 4 500 musiciens, chanteurs, danseurs, plasticiens, universitaires, cinéastes, qui viennent de Bretagne bien sûr, mais aussi d'Écosse, d'Irlande, de Cornouailles… En 2021, c'est la Bretagne qui était à l'honneur !

Un *coin de nature* sauvage

La Bretagne est une région où il fait bon vivre, et où la faune et la flore sont très variées.

Le golfe du Morbihan est un endroit splendide et cher à mon cœur. *Mor bihan* signifie en langue bretonne la « petite mer ». Constellé de petits îlots, de falaises de granit et de maisons typiques en bord de mer, ce havre de paix regorge de sentiers de balade que vous pourrez emprunter en famille ou entre amis… avant de déguster une bonne galette complète, ou un plateau de fruits de mer fraîchement pêchés, les deux standards de la gastronomie bretonne.

LA POÉSIE DES TEMPÊTES

Quand le vent souffle en Bretagne, j'aime plus que tout sortir pour admirer le paysage, pour voir les vagues se fracasser contre le rivage. J'aime cette intensité unique qui me fait sentir toute petite.

Mes bonnes adresses autour de Lorient

LA CALYPSO

Quoi ? Un restaurant gastronomique dans une maison bretonne typique
Où ? 158 rue du Pô, Carnac
Budget ? Pour les petits plaisirs (30€ et plus)
Spécialité ? Les grillades de viande et de poisson au feu de bois

Le charme de ce restaurant à l'intérieur d'une authentique maison bretonne m'a immédiatement séduite. Nous aimons y déguster des poissons fraîchement pêchés et grillés sous nos yeux dans la grande cheminée. Qualité et convivialité sont les maîtres mots de ce restaurant que je vous recommande si vous êtes de passage en Bretagne.

LE MOULIN DE ROSMADEC

Quoi ? Un écrin de raffinement au cœur de la nature bretonne
Où ? Venelle de Rosmadec, Pont-Aven
Budget ? Pour les grandes occasions (plus de 60€)
Spécialité ? De la cuisine bretonne créative

Un moulin étoilé pour les grandes occasions... La terrasse est féerique, sur les rives de l'Aven. C'est une merveilleuse étape gastronomique, dans une ville qui a attiré de nombreux peintres il y a un siècle. Le restaurant valorise les produits et les plats locaux avec une grande exigence.

LA CRÊPERIE DU GAILLEC

Quoi ? Une crêperie traditionnelle au cœur de la nature
Où ? 1 rue de Kerlivio, Ploemeur
Budget ? Très abordable (6 € et plus)
Spécialité ? Galettes et crêpes

Non loin de Lorient, j'ai découvert un havre de paix en pleine nature. Quand vous pénétrez dans la Crêperie du Gaillec, qui occupe cette ancienne ferme en pierres nichée au cœur d'un jardin verdoyant, vous avez immédiatement le sentiment d'être chez votre grand-mère : nappes à carreaux, chaises en bois, et surtout une atmosphère authentique et familiale qui m'ont tout de suite fait tomber sous le charme.

LES HALLES DE MERVILLE

J'adore aller faire mon marché aux halles de Merville, où on trouve la pêche du jour, mais aussi le meilleur du maraîchage breton. De quoi faire le plein de vitamines et d'iode pour la semaine et initier les enfants aux bonnes choses.

—

« L'ÉTERNITÉ,
C'EST LA MER MÊLÉE
AU SOLEIL. »

—

RIMBAUD

En famille

Vous l'aurez compris, la famille est l'une de mes valeurs cardinales. Je suis très proche de mes parents et de mon frère, qui m'ont toujours encouragée à devenir la personne que je suis, qui m'ont soutenue et me soutiennent encore dans chaque épreuve que je dois affronter. Ils m'encouragent aussi à mener à bien chaque nouveau projet dans lequel je me lance.

Et je sais aussi que je peux compter sur eux si besoin : ils sont très proches de leurs petits-enfants... qui le leur rendent bien !

LA CLÉ DU BONHEUR

LA TRANSMISSION : UNE VALEUR ESSENTIELLE

Communiquez avec vos parents ! Expliquez vos besoins, écoutez leurs conseils, vous rendrez compte que l'expérience est une chose précieuse.

Vrai ou faux ?

JE SUIS FILLE UNIQUE

FAUX.
J'ai un grand frère – qui aime autant que moi écouter le chant des cigales

PAPA, MAMAN,
JE VOUS AIME. MERCI POUR TOUT !

MA MAMAN,
LA FEMME DE MA VIE...

8 & 9 Juin 2019.

À toi,
Au merveilleux papa que tu es devenu,
Au mari extraordinaire que tu es,
À notre «carré d'as».
À toutes ces années passées à tes côtés
et aux prochaines...
À nos rides, à nos sourires,
à nos souvenirs et surtout à notre avenir.
Aux rires de nos enfants .
Je t'aime de tout mon cœur ❤

MON « CARRÉ D'AS »

*«La pudeur est un voile dont on s'habille
par amour pour une seule personne
devant laquelle on est impudique.»*

HUBERT AQUIN

PAS DE VACANCES SANS MUSIQUE !

ONE DAY
Asaf Avidan & The Mojos

SMALLTOWN BOY
Bronski Beat

TUESDAY
Burak Yeter

LA GRENADE
Clara Luciani

MY SELF CONTROL
Laura Branigan

CANTO DEL PILON
Milk & Sugar

BLINDING LIGHTS
The Weeknd

SUPERNATURE
Cerrone

DON'T BE SO SHY
Imany

TEL AVIV
Arisa feat. Omer Adam

Vrai ou faux ?

JE PRÉFÈRE RENTRER DANS LE SUD QUE PARTIR EN VACANCES À L'AUTRE BOUT DU MONDE

VRAI.
Pour moi, ce n'est pas l'endroit qui fait le bonheur, mais les gens avec qui tu partages des moments de joie. Le Sud, pour moi, représente la famille et les amies d'enfance. L'été, quand nous nous y retrouvons tous, je suis la plus heureuse du monde !

Avec mes amis, on se retrouve souvent pour des balades à vélo dans la nature. Là, on va attaquer le massif de l'Estérel. Ce que je ne sais pas encore, c'est qu'on est partis pour 4 heures, et un énorme dénivelé. J'ai pris un vélo électrique sans lequel j'y serai sans doute encore.

À MOI LES PLATINES !

MON PETIT COIN DE PARADIS.

READY FOR TONIGHT !

Mes animaux, *mes essentiels*

J'ai toujours entretenu un lien très fort avec la nature et les animaux. Petite, en vacances, je préférais toujours aller jouer dehors. Qu'il pleuve, qu'il vente, j'avais besoin de ce contact avec l'extérieur, qui me manquait tant durant l'année scolaire. Dès mon plus jeune âge, j'ai eu la chance d'avoir des animaux à la maison.
Aujourd'hui, si j'aime autant être avec mes animaux, c'est peut-être parce qu'ils se fichent de la Karine Ferri de la télévision. Avec eux, je suis moi.

J'ADORE LES CHATS NOIRS
JE SUIS ASSEZ SUPERSTITIEUSE, MAIS UNE CROYANCE ME PARAÎT ABSURDE : LES CHATS NOIRS QUI PORTERAIENT MALHEUR.

Vrai ou faux ?

LE CHIEN EST MON ANIMAL PRÉFÉRÉ
VRAI.
Il y a toujours eu entre les animaux et moi une attirance réciproque. Les chiens ont une place particulière.

Pumba et moi

Avec les animaux, j'ai toujours vécu une grande histoire d'amour. Quand j'étais jeune, je faisais du *dog-sitting*, non pas pour gagner un peu d'argent de poche, mais par amour pour eux. La plupart du temps, les gens me confiaient leur chien pour une balade, ou une après-midi. Un jour, une famille m'a demandé si j'accepterais de garder leur chien pendant toute la durée de leurs vacances : évidemment, j'ai accepté. J'ai rencontré Pumba, un labrador marron, et nous sommes très vite devenus inséparables. Un lien très fort s'est créé entre nous. La famille a fini par rentrer de vacances : je m'étais tellement attachée à Pumba que la séparation m'était impossible, mais je n'ai pas eu le choix.

Je suis restée inconsolable pendant plusieurs mois. Depuis ce moment, j'ai compris que les animaux, et les chiens en particulier, seraient toujours nécessaires à mon équilibre.

UN RÊVE D'ENFANT

Petite, je voulais être vétérinaire. L'idée de pouvoir soigner les animaux et de leur venir en aide m'a toujours attirée. Mais en grandissant, j'ai compris que je n'arriverais pas à accompagner les animaux en fin de vie et à abréger leurs souffrance… Trop compliqué pour moi, d'un point de vue émotionnel.
J'ai décidé de me tourner plutôt vers le bénévolat, au sein de refuges et d'associations de protection animale.

—

« LE CHIEN POSSÈDE
LA BEAUTÉ SANS LA VANITÉ,
LA FORCE SANS L'INSOLENCE,
LE COURAGE SANS LA FÉROCITÉ,
ET TOUTES LES VERTUS DE
L'HOMME SANS SES VICES. »

—

LORD BYRON

Complices, *de tous les instants*

Vrai ou faux ?

J'AI UN CHIEN ET UN CHAT

VRAI. Ma chienne s'appelle Dolmen, et mon chat Menhir – vive la Bretagne ! On envisage d'agrandir bientôt la famille... Affaire à suivre.

Y PENSER AVANT L'ADOPTION

Avoir un animal, c'est accepter la responsabilité de lui offrir un terrain de jeu quotidien, de l'espace et des balades.

Transmettre l'amour de la nature

LA CLÉ DU BONHEUR

Se mettre à hauteur d'enfant, jouer le jeu de l'imagination et du rêve, c'est une magnifique manière de déconnecter.

Aussi souvent que nous le pouvons, je montre à Maël et à Claudia que la nature qui les entoure est tout aussi magique que les univers fictifs qui se dessinent sur leurs écrans. Et Dolmen, notre chienne, nous aide beaucoup dans cette mission. Elle a besoin de se promener plusieurs fois par jour. Aussi souvent que possible, nous embarquons tout le monde, et nous partons explorer les sous-bois que nous avons la chance d'avoir autour de notre maison. D'autres fois, nous prenons la direction de la plage la plus proche, et nous jouons dans le sable avec Dolmen. Le jeu préféré des enfants : envoyer un bout de bois le plus loin possible pour que Dolmen le leur rapporte.

ASTUCE

Pour convaincre les enfants de partir en promenade, j'ai une formule magique qui marche (presque) à tous les coups : je leur raconte des histoires. Nous allons sur la plage en quête d'un trésor caché, dans les bois à la recherche d'une fée qui a perdu ses parents... En me prêtant au jeu, je lâche prise et je me reconnecte avec mes enfants. Quant à eux, ilsauront eu leur dose d'air pur et de nature pour la journée.

CHAPITRE 2

Loin des *projecteurs*

Si l'on me demandait de me décrire dans l'intimité, je dirais que je suis avant tout pudique, discrète, mais aussi une maman louve, la plus investie possible. On m'a trop volé ma vie privée dans le passé, et je resterai toujours vigilante pour la préserver. Je crois que c'est une valeur universelle, une clé : savoir se préserver, et différencier les multiples aspects de sa vie.

PROTÉGER SA VIE PRIVÉE TOUT EN MAINTENANT LE LIEN : TROUVER LA JUSTE DOSE

Les réseaux sociaux, c'est un outil indispensable aujourd'hui. D'abord pour avoir un lien direct avec le public, mais aussi pour créer du lien avec les gens qu'on aime, et aider à le maintenir quand nos proches sont loin. J'ai fait le choix d'animer mon compte Instagram de manière quasi-quotidienne, mais j'y montre surtout mon travail. Parce qu'aujourd'hui la tentation de s'afficher est immense: tout est fait pour nous rendre accro. Likes, nombres d'« amis », reposts, commentaires… et soudain la pudeur disparaît.

Votre trésor le plus précieux, c'est vous, n'oubliez jamais ça.

Mon questionnaire *de Proust*

MA VERTU PRÉFÉRÉE
LA PATIENCE

LE PRINCIPAL TRAIT DE MON CARACTÈRE
LA GÉNÉROSITÉ

LA QUALITÉ QUE JE PRÉFÈRE CHEZ LES HOMMES
LEUR PART DE FÉMINITÉ

LA QUALITÉ QUE JE PRÉFÈRE CHEZ LES FEMMES
LEUR RENONCEMENT, LEUR SENS DU SACRIFICE, LEUR COURAGE

MON PRINCIPAL DÉFAUT
L'IMPATIENCE

MA PRINCIPALE QUALITÉ
L'ALTRUISME

CE QUE J'APPRÉCIE LE PLUS CHEZ MES AMIS
LEUR DISPONIBILITÉ

MON OCCUPATION PRÉFÉRÉE
AIMER ET ÊTRE AIMÉE

MON RÊVE DE BONHEUR
JE L'AI DÉJÀ ATTEINT EN DEVENANT MAMAN

QUEL SERAIT MON PLUS GRAND MALHEUR ?
QU'IL NE SOIT PAS DERRIÈRE MOI

À PART MOI-MÊME, QUI VOUDRAIS-JE ÊTRE ?
MES ENFANTS

LE PAYS OÙ J'AIMERAIS VIVRE
MON CŒUR BALANCE ENTRE L'ITALIE ET LE PORTUGAL

LA COULEUR QUE JE PRÉFÈRE
LE BLANC

LES FLEURS QUE JE PRÉFÈRE
LES ROSES BLANCHES, LES BOUGAINVILLIERS ET LES ORCHIDÉES BLANCHES

L'OISEAU QUE JE PRÉFÈRE
LE CYGNE BLANC, POUR SON ALLURE MAJESTUEUSE

MES AUTEURS FAVORIS EN PROSE
MAUPASSANT, MUSSET, ZOLA

MES POÈTES PRÉFÉRÉS
BAUDELAIRE, SHAKESPEARE, VICTOR HUGO

MON HÉROS FAVORI DANS LA FICTION
BEL-AMI

MES HÉROS DANS LA VIE RÉELLE
MON MARI, MON FILS, MON FRÈRE, MON PÈRE

L'ÉTAT PRÉSENT DE MON ESPRIT
JE SUIS EMPLIE DE GRATITUDE POUR CE QUE J'AI, MA SANTÉ, MA FAMILLE, MON TRAVAIL, MES ENFANTS, MON MARI

MES HÉROÏNES FAVORITES DANS LA FICTION
LA PRINCESSE DE CLÈVES

MES HÉROÏNES PRÉFÉRÉES DANS LA VIE RÉELLE
MA MÈRE ET MA FILLE

LE PERSONNAGE HISTORIQUE QUE JE DÉTESTE LE PLUS
JE NE SOUHAITE PAS LUI FAIRE DE PUB

MES HÉROS DANS L'HISTOIRE
SIMONE VEIL, LADY DI, MICHELLE OBAMA

LA FAUTE QUI M'INSPIRE LE PLUS D'INDULGENCE :
LES MENSONGES FARFELUS DES ENFANTS QUI SONT SI MIGNONS. JE DÉTESTE LES MENSONGES DES ADULTES, MÊME SI TOUTES LES VÉRITÉS NE SONT PAS BONNES À DIRE.

LES FAITS HISTORIQUES QUE JE MÉPRISE LE PLUS
ILS SONT MALHEUREUSEMENT SI NOMBREUX QUE JE PRÉFÈRE NE PAS Y PENSER

CE QUE JE DÉTESTE LE PLUS
L'ARROGANCE

LE DON DE LA NATURE QUE JE VOUDRAIS AVOIR
LA TÉLÉPORTATION (CELA PERMETTRAIT DE POUVOIR FAIRE PLEIN DE CHOSES DANS UNE JOURNÉE, SANS PERDRE DE TEMPS) **ET ÊTRE INVISIBLE**

MON COMPOSITEUR PRÉFÉRÉ
ENNIO MORRICONE

MA DEVISE
« POUR VIVRE HEUREUX, VIVONS CACHÉS. »

MES PEINTRES PRÉFÉRÉS
CLAUDE MONNET, ÉDOUARD MANET

Paris-Lorient : trouver mes marques au quotidien

Avant de m'installer avec ma famille en Bretagne, je vivais à Paris. La plupart des tournages, shootings et autres événements liés à ma carrière s'y déroulent. Mais j'ai toujours su qu'il me manquait quelque chose pour être vraiment en harmonie avec moi-même. Évidemment, je pouvais toujours m'évader dans le Sud de temps en temps.

Quand j'ai définitivement posé mes valises dans le Morbihan, j'ai été prise d'un sentiment de soulagement et de plénitude immédiat. J'ai compris alors que mon équilibre devrait se trouver entre Paris et Lorient, ou entre Paris et le Sud. Je sais désormais que, grâce à cela, je profite pleinement autant de ma vie de famille que de ma vie d'animatrice. Que ce soit dans le Sud ou en Bretagne, je vis dans des endroits isolés, au calme, proches de la nature.

C'est fatigant mais tellement plus simple d'être tout à ce que l'on fait !

LA CLÉ DU BONHEUR

DEUX LIEUX, DEUX VIES

En faisant constamment des allers-retours, il m'est plus facile d'être pleinement à ce que je fais. Quand je suis à Paris, ma vie, c'est le boulot, à 200 %. Ultra concentrée, je n'en suis que plus efficace. Et mes journées de travail sont longues. Côté Bretagne, évidemment, c'est la famille d'abord et avant tout. Et les enfants ne s'y trompent pas, ils profitent de ma présence à chaque milliseconde. Et moi aussi !

Vrai ou faux ?

JE SUIS TRÈS ORGANISÉE

VRAI. Sans fausse modestie, car il faut savoir se féliciter, parfois ! Pas le choix, si je veux trouver un équilibre entre ma vie de maman et ma vie d'animatrice. Surtout que ces deux vies ne se déroulent pas dans la même ville. Appelez-moi la reine des *to-do lists* et des plannings...

Dans ma valise pour Paris, il y a toujours…

MON ORDINATEUR

Il me sert aussi bien pour le travail
que pour garder le contact avec mes enfants
et mon mari lorsque je suis à Paris.

MON AGENDA

J'ai toujours un agenda papier, à l'ancienne !
Écrire me permet d'enregistrer les infos à retenir.
Et je ne m'en sépare jamais, car j'ai besoin d'avoir une
visibilité sur mes semaines, toujours bien remplies.

DES DESSINS DE MES ENFANTS

Dès que j'arrive à Paris, je les aimante sur mon frigo,
ou je les encadre et les accroche sur les murs de ma chambre.
Comme ça, mes enfants sont toujours un peu avec moi.

UNE TENUE DE SPORT (OU DEUX) ET DES BASKETS

Parce que je sais que Paris
= séances intensives avec mon coach Xavier Ritter.

Ma to-do list avant de partir à Paris

- ❏ M'assurer que je n'ai oublié aucun de mes **ESSENTIELS DE VOYAGE** *(cf « Dans ma valise... », évidemment !).*

- ❏ **PASSER LA SOIRÉE EN FAMILLE**, histoire de recharger *ma jauge de bisous*, de *câlins* et de *mots doux*.

- ❏ **PRÉPARER UN BON REPAS** tous ensemble, un *vrai moment de partage*.

- ❏ **PASSER EN REVUE MON PLANNING** de la semaine qui vient : j'ai besoin de *savoir ce qui m'attend* sur le bout des doigts.

☐ **APPELER MON COACH** Xavier pour lui confirmer définitivement nos séances de sport : *no pain no gain.*

☐ Prendre un **VRAI MOMENT « POUR MOI »** dans la journée qui précède le départ, que ce soit *un bon bain relaxant, une demi-heure de méditation, une promenade sur la plage*...

☐ Me préparer à l'avance **UN PETIT SNACK** *pour le voyage*, et surtout ne pas oublier ma gourde. Cela m'évitera d'acheter une bouteille en plastique, conscience écologique oblige.

☐ **PROMENER DOLMEN** et lui dire que je reviens vite, c'est *notre petit rituel*.

☐ **VÉRIFIER UNE DEUXIÈME FOIS** que je n'ai rien oublié *(team tête-en-l'air)*.

☐ Raconter une **HISTOIRE À MES ENFANTS** et les regarder s'endormir, *leur dire que je les aime fort* et que je leur parle demain en visio : je crois que c'est important de prévenir les enfants, même tout petits, de ce qui va se passer.

Mes trucs *beauté*

L'HUILE DE RICIN BIO

Elle fait des miracles sur tout type de chevelure ; c'est également un excellent soin pour la peau, les ongles, les cils et les sourcils.
Il se dit que la reine d'Égypte Cléopâtre s'en servait au quotidien pour se démaquiller et faire pousser ses cils. À utiliser le soir avant d'aller se coucher, puis laisser poser toute la nuit.
Résultat : des cils plus souples, plus fournis, plus brillants, plus forts, plus épais ! Prenez la brosse d'un ancien tube de mascara, trempez-la dans l'huile et on brosse bien la matière de la racine jusqu'aux pointes.

LE SHAMPOING SEC

Même si je me lave les cheveux au quotidien (je sais que ce n'est pas recommandé mais ça me permet de me réveiller), il m'est arrivé de ne pas avoir le temps de faire un shampoing.
Alors, même s'il ne remplace pas un shampoing classique à long terme, c'est tout de même le produit super-héros par excellence.
Il va donner du volume et du « corps » à votre chevelure, et facilite la tenue des coiffures.
Attention cependant à bien utiliser un shampoing sec adapté à la couleur de vos cheveux pour éviter d'avoir des marques blanches à la racine.

COMMENT SE BOUCLER LES CHEVEUX AVEC UNE BOUTEILLE ?

Si, si, ça existe et ça marche (aussi surprenant que cela puisse paraître !). Vous allez commencer par découper le haut d'une bouteille en plastique et faire un trou au niveau de l'étiquette afin d'y placer l'embout de votre sèche-cheveux. Il suffit ensuite de glisser vos longueurs dans votre bouteille et de mettre en route votre sèche-cheveux. Vos cheveux vont tourbillonner dans la bouteille avant d'afficher de belles boucles.

DES MAINS NICKEL

Parfois, les ongles peuvent être asphyxiés, desséchés...
J'ai trouvé une astuce simple et efficace, à la portée de toutes et avec, à la clé, des ongles plus blancs, plus nourris, plus forts. On coupe un citron en deux et on gratte la pulpe avec les ongles pour un effet blanchissant intense. Puis on rince et on hydrate.

Voici encore une autre astuce pour les ongles : on trempe d'abord ses ongles pendant dix minutes dans un petit bol contenant du jus de citron, puis de nouveau dix minutes dans un autre bol contenant un peu d'huile d'olive (environ 3 cuillerées à soupe). Pour finir, on masse et on rince.

LA CLÉ DU BONHEUR

MON RITUEL DU MATIN

Tous les matins, j'ai besoin de me laver les cheveux, d'abord à l'eau chaude, puis à l'eau froide : une manière de me rebooter. Cela les rend plus forts et plus brillants, et c'est très bon pour la circulation sanguine. Si je ne peux pas me passer la tête sous l'eau au réveil, impossible d'émerger !

REGARD DE BICHE

Toutes les recettes/astuces de grand-mère ne sont pas bonnes à prendre, mais certaines fonctionnent. Par exemple, les fameuses rondelles de concombre qui sont idéales pour défatiguer et décongestionner les yeux.
Encore faut-il avoir du concombre sous la main… Ce n'est pas toujours mon cas. Alors, quand je dois atténuer mes cernes, j'ai recours à une autre méthode : les sachets de thé ! Faites infuser des sachets de thé et laissez-les refroidir au réfrigérateur avant de les appliquer une quinzaine de minutes sur vos cernes et vos poches.

Autre option : décongestionnez vos yeux avec des glaçons. Le froid est excellent pour les faire dégonfler, et réduit l'apparence des cernes.

D'une maman *à une autre*

Quand on devient parent, on commence enfin à comprendre l'inquiétude permanente qu'avaient nos propres parents à notre égard, et qui nous paraissait parfois démesurée.

« Le plus difficile dans la maternité, c'est cette inquiétude intérieure que l'on ne peut pas montrer », disait Audrey Hepburn. Je crois qu'il n'y a pas de phrase plus juste, plus lucide, sur le fait de devenir mère.

AVANT J'AVAIS DES PRINCIPES, MAINTENANT J'AI DES ENFANTS !

Aujourd'hui, avec les plateformes de streaming, les tablettes tactiles et autres smartphones, il est tentant quand on est parent de faire appel à ces « nounous » 2.0. Comme tout le monde, j'ai mes moments de faiblesse, et je lâche sur les écrans. Mais je suis loin de prétendre être une maman « parfaite » – est-ce que cela existe vraiment ?

« Je veux devoir tout mon bonheur à la tendresse maternelle. »

MUSSET

Mes kilos de bonheur : comment bien vivre sa grossesse

Quand j'étais enceinte, et alors que mon ventre devenait de plus en plus rond, je n'avais pas peur de monter sur la balance : les kilos que je prenais, je les appelais mes kilos de bonheur. Je les chérissais, car ils me rappelaient chaque jour l'heureux événement qui m'attendait.

Voir son corps changer n'est pas quelque chose d'évident, et nous ne le vivons pas toutes de la même manière, surtout lorsqu'il s'agit d'une première grossesse.

La grossesse est un formidable moment pour apprendre à lâcher-prise : les choses se fond à leur rythme et, surtout, elles se font toutes seules, plus que jamais. C'est le moment rêvé pour apprendre à laisser faire. Durant ces neuf mois où nous portons la vie, il n'y a pas que notre corps qui change : c'est tout notre quotidien qui est bouleversé. Et même si on vit très bien sa grossesse, il y a des ajustements nécessaires.

MANTRAS DE GROSSESSE

Mon corps est fait pour porter la vie

Chaque kilo en plus me rapproche de mon bébé

Je crée ma bulle d'intimité avec mon enfant

Je suis plus que jamais connectée à la vie

Je lâche prise, j'ai confiance en mon corps et en mon bébé

Ma connexion avec mon bébé grandit de jour en jour

PARLEZ À VOTRE ENFANT

Dès les premiers mois de grossesse, commencez à tisser le lien qui vous unira toute la vie à votre enfant. Dites-lui des mots d'amour, chantez-lui des chansons douces, racontez-lui des histoires... Vous pouvez aussi vous répéter des mantras qui vous font du bien. L'important est de remplir ces neuf mois d'intentions positives.

TRANSFORMER LE VIN... EN JUS

C'est l'apéro, vous êtes enceinte de moins de trois mois et vous n'envisagez pas d'annonce pour le moment... Pour ne pas révéler votre secret malgré vous, le jus de raisin dans un verre ballon à la place du vin rouge trompera tout le monde. Faites-moi confiance, c'est testé et approuvé !

PRÉPARER L'ARRIVÉE DE BÉBÉ

L'arrivée d'un enfant, surtout le premier, est un tsunami de remises en question : un déferlement de responsabilités, une révolution dans nos habitudes, et surtout, le plus difficile à vivre pour moi, un moment de perturbation intense du sommeil.

Règle numéro un, et seule règle incontournable : vous serez imparfaite. Le tout, c'est de ne pas culpabiliser et de faire le nécessaire pour être en confiance.

Pour cela, anticipez au maximum l'arrivée de bébé, avec votre conjoint·e, vos proches, posez des questions à vos amies jeunes mamans, achetez déjà couches, barboteuses, thermomètre pour le bain, siège auto et autres objets dont vous aurez besoin. En prévoyant un maximum de choses, même si tout ne se passe pas exactement comme prévu, vous aurez déjà l'équipement pour ne pas avoir l'impression de vous noyer. Et moi, ça m'a permis de me projeter.

PRENDRE DU TEMPS POUR SOI

Quand on est enceinte, la vie continue : boulot, famille, amis, factures, déplacements... Alors, encore plus que d'habitude, il est primordial de s'accorder du temps pour soi. C'est même obligatoire, quitte à en oublier certaines contraintes. Personne ne vous en voudra. Moi, j'adorais prendre des bains relaxants, en écoutant de la musique douce.

CRÉER SON MENU IDÉAL DE POST-ACCOUCHEMENT

L'une des choses qui m'a le plus frustrée pendant ma grossesse a été de devoir renoncer à certains aliments que j'adore : adieu fromages au lait cru, au revoir sushis, bye bye coppa et saucisson… (Petit aparté, les filles, évitez ces aliments pour fuir la listériose et n'oubliez pas vos tests de toxoplasmose !) Si vous êtes comme moi, concoctez-vous votre menu de rêve et faites-vous apporter ce repas à la maternité.

REGARDER DES FILMS ET SÉRIES RÉCONFORTANTS

Ne s'offrir que des douceurs, même sous la forme d'une série ou d'un film, ça booste les endorphines. *Sissi*, *Angélique*, *La Boum*, *Fanfan* et *L'Étudiante*… Faites-vous ce cadeau.

ACCEPTER SES CHANGEMENTS D'HUMEUR

Ce n'est pas un secret, nos hormones sont en roue libre quand on attend un bébé. Il n'est pas rare de passer du rire aux larmes, de s'énerver un peu trop vite, ou de s'effondrer en sanglots devant un documentaire animalier (véridique !). Se dire que c'est normal peut aider à mieux vivre ces changements : nous sommes toutes passées par là, et personne ne vous jugera. C'est une parenthèse enchantée, le moment idéal pour apprendre à être indulgente avec vous-même.

INVESTIR SA GROSSESSE, ÇA PEUT PASSER PAR LES VÊTEMENTS

Cela peut paraître futile au vu de l'immense transformation intérieure qui nous submerge pendant la grossesse, mais les vêtements, c'est symbolique. De plus, ils offrent une possibilité de se sentir bien dans son corps.

« Pimper » un peu sa garde-robe pour l'occasion permet en effet de revêtir littéralement le costume de future maman. C'est parfois tellement difficile de se projeter dans la maternité qu'il est intéressant de s'offrir des preuves concrètes.

Ensuite, ces vêtements qui vous accompagneront pendant plusieurs mois, vous permettront à chaque seconde de vous sentir bien dans votre peau, libre de vos mouvements. Surtout, ils accueilleront sans faillir votre ventre qui grossit (et le reste un peu, aussi, ne nous le cachons pas).

ET SI VOUS POUVIEZ CONTINUER À PORTER VOTRE JEAN PRÉFÉRÉ ?

Prenez un élastique à cheveux un peu épais. Passez-le dans votre boutonnière et faites une boucle. Vous pouvez ainsi l'attacher au bouton et gagner quelques précieuses semaines où vous pourrez continuer à porter ce jean que vous aimez tant.

SE METTRE AU YOGA

Le yoga est connu pour ses vertus relaxantes, mais il a également un autre pouvoir bienfaisant : il permet d'atténuer les crampes musculaires et autres courbatures, que l'on finit toujours par avoir quand on se rapproche du terme. Un exercice tout simple m'a bien aidée : il suffit de placer une couverture sous votre bassin, et de vous allonger avec les jambes contre un mur, vos mains jointes en prière sur votre front. Vous fermez les yeux, et vous prenez cinq grandes respirations, en inspirant par le nez et en expirant par la bouche. C'est très bon pour votre circulation, mais aussi pour le moral. Un vrai reboot express et naturel. Vous pouvez bien sûr compléter avec d'autres exercices, après en avoir parlé avec votre médecin.

ACHETER UNE PINCE DE PRÉHENSION

Cela peut faire sourire, mais c'est vraiment très pratique pour éviter de devoir se baisser. Et celles qui savent… savent !

CRÉER SON BANDEAU DE GROSSESSE

Créez votre bandeau de grossesse à partir d'un vieux t-shirt pour éviter que votre ventre ne dépasse de vos vêtements…

LES BANDES DE KINESIO TAPING

Très connues chez les athlètes, elles peuvent être d'une grande aide pendant la grossesse. Utilisées correctement, elles préviennent le stress musculaire, soulagent la douleur et améliorent la circulation sanguine. Vous pouvez les porter de différentes façons, que ce soit sur la partie inférieure de l'abdomen, ou sur l'ensemble du ventre, à la verticale ou à l'horizontale. Un physiothérapeute peut vous aider à trouver le placement le mieux adapté pour vous.

HYDRATER

Mettez-vous de la crème tous les jours ! Vergetures, crevasses, peau sèche… Aussi belle qu'elle soit, la grossesse a tendance à abîmer et à déformer notre peau. Alors, on en prend soin dès que le ventre rond fait son apparition, avant même que la peau ne montre des marques de fatigue.

Et après *l'arrivée de bébé?*

DÉVELOPPER L'IMAGINATION DE VOTRE ENFANT

Les bébés, *in utero* puis dès les premiers jours de vie, ont besoin d'entendre le son de votre voix, et ils comprennent bien plus de choses qu'on ne peut l'imaginer. Même lorsqu'ils n'ont que quelques mois, le soir avant d'éteindre la lumière, je prends toujours le temps de faire un petit bilan de la journée pour mes enfants. Je leur répète qui nous avons vu, ce qu'ils ont mangé, les activités que nous avons faites... Je sais que cela contribue à développer leur imaginaire, et la vie m'a prouvé qu'ils sont devenus de vrais petits curieux en grandissant, très éveillés au monde qui les entoure.

APPRENDRE À VOTRE BÉBÉ LE BABY SIGN

Il a été prouvé que, grâce à la langue des signes, votre nouveau-né saura plus rapidement exprimer ses émotions, ses humeurs, et même vous dire quand et où il a mal, s'il a faim... Cela ne l'empêchera pas, bien sûr, d'apprendre à s'exprimer verbalement mais ce sera un petit plus qui évitera ces frustrations et incompréhensions à l'origine de nombreuses colères vers l'âge de deux ans.

1 001 TÉTINES

Pour éviter les réveils nocturnes quand votre bébé a perdu sa tétine, disposez-en plusieurs dans son lit. Ainsi, avant de vous appeler à l'aide (souvent en pleurant), il tombera peut-être sur une de ces tétines de rechange, et se rendormira apaisé.

LE CORPS ENSEIGNANT, HÉROS DU QUOTIDIEN

Le confinement en famille m'a permis, comme à beaucoup de parents, d'apprécier davantage encore le mérite exceptionnel du corps enseignant. Faire l'école à la maison, c'est difficile. Tout comme les personnels soignants qui se battent sans relâche pour enrayer l'épidémie depuis le début, les enseignants sont héroïques.

Les enfants ont besoin de parents *heureux* et non de parents *parfaits*.

HABITUER VOTRE BÉBÉ AUX MASSAGES

Les massages peuvent être très bénéfiques pour les bébés, notamment quand ils ont mal quelque part. En les habituant dès leur plus jeune âge à être massés, vous leur apprenez à se détendre, à mieux faire fonctionner leur respiration. Pour être sûre de masser votre bébé comme il faut, vous pouvez suivre des cours de massages sur jeunes bébés. Et souvent, les envelopper tout simplement de vos caresses a un vrai effet apaisant. A la maternité, j'ai aussi appris à pratiquer le peau-à-peau le plus souvent possible : dès que vous le pouvez, prenez votre enfant contre vous, peau nue pour lui comme pour vous. Vous reconstituez ainsi le lien charnel établi durant la grossesse, ce qui permet de donner des bases affectives solides à votre enfant.

LEUR INCULQUER DES VALEURS DE RESPONSABILITÉ ET DE PARTAGE

Nous essayons au maximum d'impliquer nos enfants dans les tâches quotidiennes. Quand nous cuisinons, nous aimons qu'ils soient à côté de nous. Curieux, ils nous posent des questions. Nous partageons des moments précieux autour des fourneaux. Et quand nous préparons un gâteau au chocolat, tout le monde met la main à la pâte, le gâteau n'en est que meilleur.

LEUR APPRENDRE LA LIBERTÉ DE CHOIX

J'ai toujours dit à mes enfants que leurs choix leur appartenaient. Tous les soirs, par exemple, nous les laissons choisir eux-mêmes le livre qu'ils veulent que nous leur lisions avant de s'endormir. Le matin, nous préparons plusieurs tenues adaptées à la saison, et leur demandons laquelle ils préfèrent porter pour la journée.

« Les parents parfaits n'ont pas d'enfants. »

JANE NELSEN

L'imagination, c'est essentiel

Je trouve le pouvoir d'imagination des enfants extraordinaire. Ils ont encore toutes les libertés. J'aime favoriser cette faculté chez mes enfants, en leur racontant des histoires, en les interrogeant sur leur ami imaginaire (tellement drôle et mignon à la fois !), mais aussi parfois en les laissant s'ennuyer. L'imagination est un élément essentiel de leur construction, qui leur donne des outils précieux pour la suite, et leur permettra de répondre seuls à de nombreuses questions.

CHAPITRE 3

Garder *la forme !*

Le sport, *clé de mon équilibre*

Je pratique le sport intensif à Paris, trois ou quatre fois par semaine avec mon coach, Xavier.
Mais en Bretagne, c'est plus *slow*. Même si je marche beaucoup, qu'il m'arrive de faire des randonnées ou du vélo, je ne poursuis pas l'entraînement.
L'objectif lors de mes séances de sport avec Xavier ? Être en forme pour les tournages et autres événements professionnels qui m'attendent à Paris. Je ne cherche pas spécialement à mincir ou à me muscler.
Il faut que le sport s'adapte à mon planning, et non l'inverse. Si je ressens une obligation, je n'en profite pas et les effets ne sont pas au rendez-vous. En revanche, si je n'arrive pas à voir Xavier sur une semaine de travail, je sens qu'il manque quelque chose d'important à mon équilibre.

Qu'aimez-vous faire ? De quoi avez-vous besoin ? C'est le sport qui doit s'adapter à vous et non le contraire !

Vrai ou faux ?

JE FAIS ATTENTION À MON HYGIÈNE DE VIE
VRAI, mais n'y a pas d'excès qui ne puisse être compensé le lendemain.

Mes routines *de sport bien-être*

Tous les exercices de Xavier sont adaptables à un *training* à la maison. Pratique quand les salles sont fermées ou qu'on a juste pas envie : on n'est pas obligée d'être tout le temps au top ! Xavier me suit à tous les moments de ma vie, même quand j'étais enceinte, et après mes accouchements.
J'ai eu envie de partager avec vous nos différentes routines, afin que vous puissiez reproduire ces exercices chez vous. J'espère que, comme moi, vous aurez la pêche après chaque séance, et que vous serez fière des résultats obtenus.

Quand c'est dur, qu'on n'arrive à rien : penser à tout prix au bien-être de l'après-sport... Ça aide un peu !

Ma playlist sport

THIS IS WHAT YOU CAME FOR
Calvin Harris feat. Rihanna

HAVANA
Camila Cabello feat. Young Thug

YOU KEEP ME HANGIN' ON
The Supremes

STILL DIE
Dr Dre

ON THE FLOOR
Jennifer Lopez

WHAT GOES AROUND
Justin Timberlake

POKER FACE
Lady Gaga

THE CHAMBER
Lenny Kravitz

HUNG UP
Madonna

BEAT IT
Michael Jackson

Circuit training

Découvrez ma routine classique à travers deux *circuits trainings* que je fais lors de mes séances avec mon coach.

LE CIRCUIT TRAINING : QU'EST-CE QUE C'EST ?

C'est un parcours sportif qui consiste à faire plusieurs répétitions d'un cycle d'exercices de fitness, le but étant de tonifier le corps et de brûler efficacement les graisses.

SPORTIVES DU DIMANCHE

30 sec. par exercice/30 sec. de récupération/circuit x 3

INTERMÉDIAIRES

40 sec. par exercice/20 sec. de récupération/circuit x 3 ou 4

SPORTIVES CONFIRMÉES

40 sec. par exercice/pas de récupération/circuit x 3 ou 4

BOUGER AU QUOTIDIEN

Si vous ne pouvez pas faire de sport, ou du moins pas autant que vous le souhaiteriez, n'oubliez pas que chaque geste quotidien compte :

— Se lever régulièrement pour bouger quelques minutes;
— Contracter régulièrement les abdos, même devant une série sur le canapé, ou sur sa chaise de bureau ;
— Prendre les escaliers plutôt que l'ascenseur le plus souvent possible.

L'ÉCHAUFFEMENT, C'EST AUSSI IMPORTANT QUE LE SPORT

Il est important de s'échauffer avant de se lancer dans un *circuit training*. Pendant une à deux minutes, faites des cercles de droite à gauche, puis de gauche à droite avec votre cou. Répétez l'exercice avec vos poignets, puis vos chevilles. Enfin, pour échauffer vos muscles, courez une minute sur place.

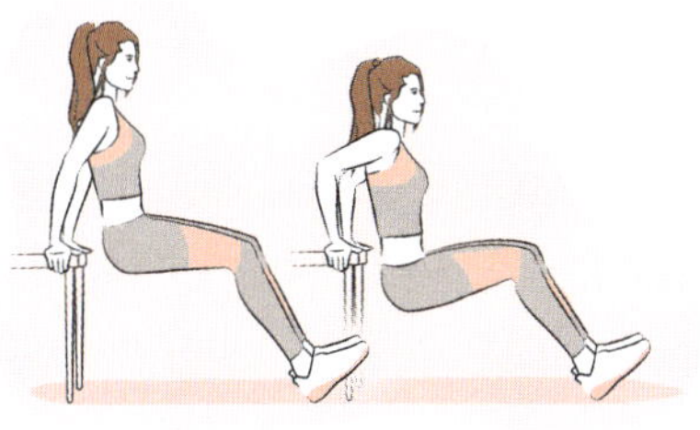

DIPS SUR CHAISE

Puis prenez appui sur l'assise, les fesses dans le vide, les bras en arrière. Le dos doit être bien droit. Regardez devant vous, cela peut aider ! Étendez un peu les jambes, devant vous puis pliez les bras pour descendre le buste le long de la chaise. Remontez. Ça chauffe au début, mais c'est un exercice très efficace pour tout le corps, et surtout pour les bras !

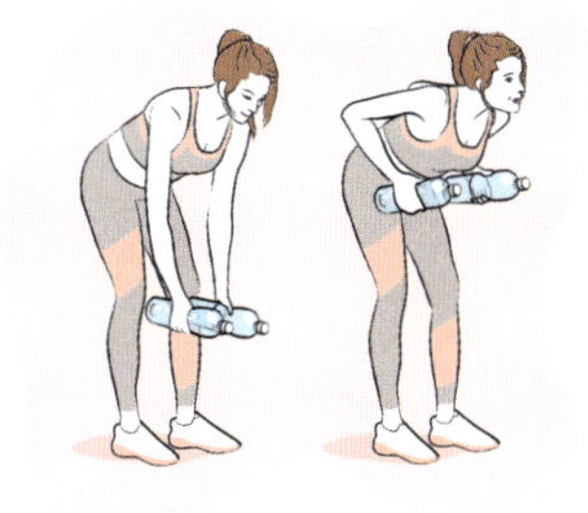

ROWING PENCHÉ

Debout, penchez-vous en gardant le dos bien droit, puis tendez les bras. Remontez les deux bras en même temps, en tirant les coudes vers le haut jusqu'à ce qu'ils dépassent légèrement le buste. Tenez cette position 1 seconde, puis redescendez les bras. Si l'exercice paraît trop facile (on ne sait jamais) optez pour des poids à la place des bouteilles. Ainsi vous pourrez augmenter le nombre de kilos !

CURL BICEPS

Debout, une bouteille d'eau dans chaque main, remontez les avant-bras en pliant les coudes jusqu'à ce que les bouteilles se trouvent au niveau de vos épaules. Le mouvement doit être lent et contrôlé. Attention : les coudes doivent être collés au corps pour isoler les biceps. Et on ne triche pas en s'aidant de son dos !

EXTENSIONS TRICEPS

Assise, une bouteille d'eau dans la main droite, levez le bras vers le ciel. Pliez le coude pour descendre l'avant-bras derrière la tête, puis remontez. Le mouvement doit être contrôlé pour sentir votre triceps (l'arrière du bras) travailler. Le coude ne doit pas bouger du début à la fin : seul l'avant-bras est en mouvement. Effectuez l'exercice 40 secondes avec votre bras droit légèrement fléchi puis 40 secondes avec le gauche.

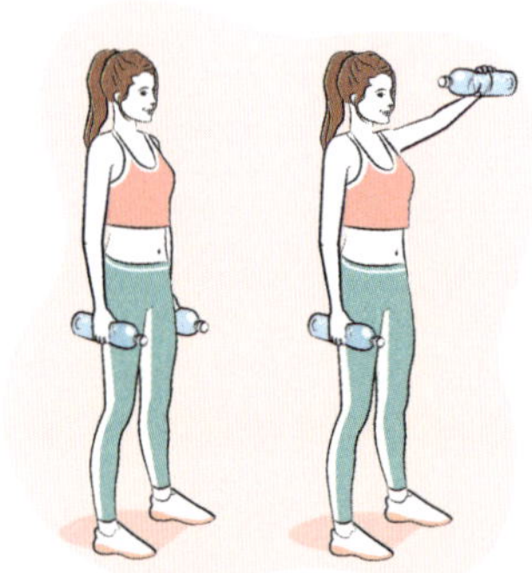

ÉLÉVATIONS FRONTALES

Debout, une bouteille d'eau dans chaque main et les bras le long du corps, montez le bras droit devant vous, légèrement fléchi, jusqu'au niveau des épaules. Tenez cette position quelques secondes, puis redescendez. Faites ensuite de même avec le bras gauche. Alternez pendant 40 secondes. Ça chauffe ? C'est normal ! Allez, c'est bientôt la fin du premier circuit !

POMPES

Vous allez me détester mais… c'est l'heure des pompes ! En appui sur les mains, lesquelles sont espacées de la largeur des épaules, le dos droit, descendez vers le sol en fléchissant les bras, puis remontez. Option plus facile : on pose les genoux au sol et on fait le même mouvement. Courage !

FULL BODY JUMPING JACK

On commence par un bon cardio ! Debout, les bras le long du corps et les pieds joints, faites un saut vertical en montant les bras au-dessus de la tête et en écartant les jambes, puis revenez à la position initiale.

FENTES AVANT ALTERNÉES

L'un des exercices qui me demande le plus d'efforts, mais on aime souffrir ! C'est parti : avec la jambe droite, faites un grand pas en avant et pliez le genou jusqu'à ce que votre cuisse soit parallèle au sol. Le mollet de la jambe arrière est lui aussi parallèle au sol. Revenez en position debout et recommencez avec l'autre jambe. Enchaînez les deux côtés. On tient bon 40 secondes sur chaque fente (pour éviter répétition).

Cette technique s'appelle le gainage au TRX : c'est très physique. Il faut être très concentrée.

OCEANS APART

SQUATS

Debout, les pieds écartés de la largeur des épaules, descendez les fesses en arrière comme pour vous asseoir. Essayez de descendre jusqu'à ce que vos cuisses soient parallèles au sol. Attention : pensez à bien contracter les abdos et à ne pas arrondir le dos. Si vous n'arrivez pas à descendre beaucoup au début, pas de panique, c'est normal !

CHAISE

Le dos droit et plaqué contre un mur, descendez jusqu'à ce que vos cuisses soient parallèles au sol. Tenez cette position 30 secondes. Sans bouger et en serrant les abdos… et les dents !

3 RÈGLES À RETENIR DURANT CES EXERCICES

Périnée remonté

—

Dos droit

—

Respiration

DE L'EAU, ENCORE ET TOUJOURS

Pensez à bien vous hydrater pendant l'effort.
C'est toujours important, mais ça l'est encore plus quand on attend un bébé.

POMPES

Un exercice assez simple, mais qui présente quand même deux contraintes majeures : il faut penser à bien respirer et, surtout, à remonter son périnée !

GAINAGE AVANT-BRAS

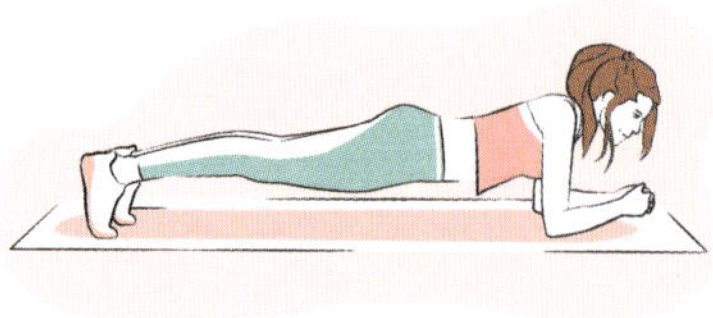

Faites une planche sur les coudes, le dos bien droit, les abdos contractés. Attention à ne pas vous cambrer, pour éviter une douleur aux lombaires ! Si vous êtes débutante, faites l'exercice sur les genoux.

MONTÉE DE GENOUX

Last but not least! On finit par du cardio : courez sur place pendant 40 secondes, en montant bien haut les genoux.

Et répétez le circuit autant de fois que vous vous en sentez capable !

Routine douce pour femmes enceintes

Être enceinte n'est pas une maladie et, dans la plupart des cas, faire du sport peut vous aider à surmonter pas mal de petits maux et coups de déprime, et à vous reconnecter à votre corps, ce qui me semble essentiel.
Bien sûr, vous devez d'abord obtenir le feu vert de votre médecin et choisir des exercices adaptés.

Voici ceux que je préfère et que vous pourrez réaliser très facilement chez vous : il vous faudra simplement un tapis de yoga, une chaise, deux bouteilles d'eau d'1,5 litre... et de la motivation : c'est parti !

JAMAIS SANS MON MÉDECIN

Enceinte, comme après l'accouchement, il est très important de consulter votre médecin et d'avoir son aval avant de vous (re)mettre au sport.
On peut faire la plupart des exercices habituels. La corde à sauter, on oublie !

RENFORCEMENTS MUSCULAIRES

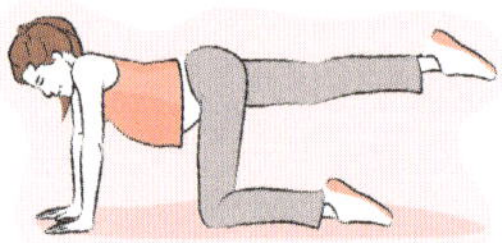

1

Mettez-vous à quatre pattes, puis tendez une jambe en arrière, dans le prolongement du dos, le pied bien étiré. Faites ensuite des petits battements avant de changer de jambe.

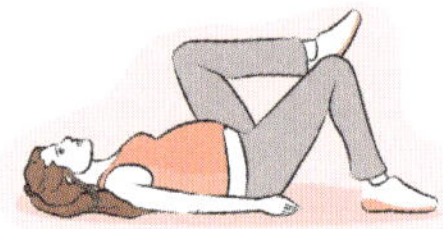

2

Sur le dos, jambes fléchies avec les pieds à plat au sol, ramenez les genoux vers la poitrine, autant que votre ventre vous le permet.

3

C'est un vrai exercice de danseuse : sur les pointes, pieds à 10 h 10, descendez et remontez, dos droit.

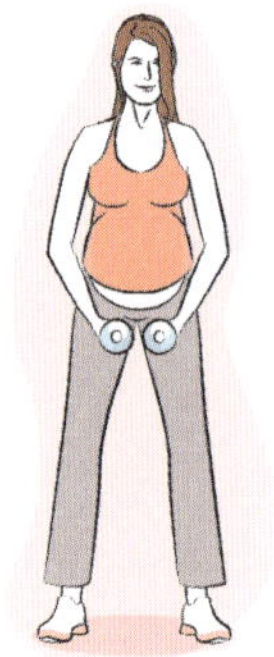

4

Debout, pieds parallèles écartés de la largeur de votre bassin, soulevez doucement en expirant, des haltères ou des bouteilles d'eau. Retenez leur descente en inspirant.

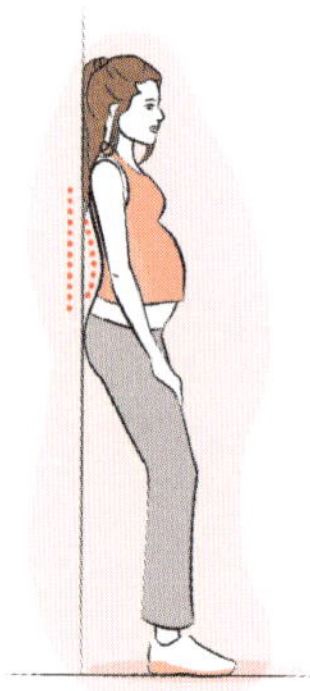

5

Dos au mur, fléchissez légèrement les genoux Adossez-vous contre un mur et fléchissez légèrement les jambes : essayez de descendre le plus bas possible.

LES ÉTIREMENTS

Essentiels pour une séance de sport efficace, ils le sont encore plus durant la grossesse. À répéter avant et après la séance, et autant que vous le souhaitez dans la journée pour vous détendre.

1
Face à un mur, en appui sur les deux mains, les bras tendus et les deux pieds légèrement écartés. Faites peser votre poids alternativement sur l'une et l'autre jambe pour étirer vos mollets.

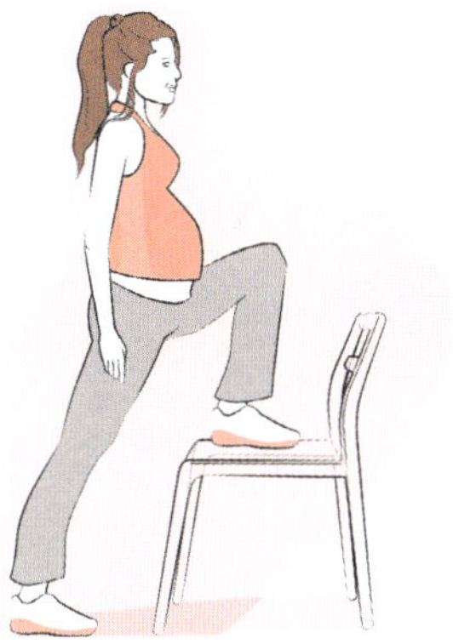

2
Face à une chaise, le pied gauche posé sur l'assise, pliez légèrement le genou gauche pour étirer à la fois le mollet et la cuisse. Faites la même chose côté droit.

3
À quatre pattes, comme un chat, faites le dos rond ! Particulièrement recommandé à celles qui souffrent des lombaires pour compenser la cambrure.

4
Assise au sol, les jambes fléchies et les pieds joints devant vous, aussi près que possible du pubis pour étirer l'intérieur des cuisses. Tenez la posture en gardant le dos droit.

... et pour les jeunes mamans

QUELQUES EXERCICES DE GAINAGE

C'est la meilleure façon de retrouver sa silhouette tout en rééduquant ses abdominaux, une pratique douce, qui vous évitera bien des désagréments, dont le mal de dos...

TOUS LES JOURS !
CETTE ROUTINE SUPER-RAPIDE, ET ENCORE PLUS EFFICACE SI VOUS LA FAITES TOUS LES JOURS. LE SECRET POUR RETROUVER LA FORME APRÈS UNE GROSSESSE, C'EST LA RÉGULARITÉ.

On est *ce que l'on mange*

Je ne suis pas une adepte des régimes drastiques, qui font perdre en bien-être ce que l'on pourrait gagner en minceur. Plus je me prive de quelque chose, plus j'aurai envie de craquer ensuite.

L'IMPORTANCE DES HABITUDES

Tous les plaisirs coupables, de l'apéro à la crêpe au chocolat, sont autorisés, du moment qu'on n'oublie ni le cadre ni les habitudes. Saviez-vous qu'il faut 21 jours pour ancrer une habitude dans le cerveau ? À vous de vous programmer !

CONFIDENCE

L'impact écologique de la consommation de viande est immense, et j'aspire à arrêter d'en manger. D'ailleurs, j'ai toujours préféré les produits de la mer, et j'ai la chance, en Bretagne, de pouvoir consommer du poisson et des fruits de mer de très bonne qualité.

Vrai ou faux ?

JE SUIS VÉGÉTARIENNE

FAUX. Je suis flexitarienne, c'est-à-dire que j'ai beaucoup réduit ma consommation de viande ces dernières années. Je n'ai pas de règles strictes, mais plutôt des phases durant lesquelles j'adapte mon régime alimentaire à de mes besoins.

Mes nouvelles *habitudes*

JE BOIS UN GRAND VERRE D'EAU LE MATIN, UN LE MIDI ET UN LE SOIR

Il est très important de s'hydrater. Or quand on a une vie bien remplie, on oublie parfois de boire. Ritualiser la prise de ces verres d'eau permet de remédier à ce problème.

JE PRATIQUE LE JEÛNE INTERMITTENT

Une semaine par mois, quand je suis à Lorient de préférence, je fais deux vrais repas par jour : le petit déjeuner et le déjeuner, et j'opte pour un dîner très léger, le plus tôt possible. Le fait de laisser s'écouler douze heures entre le dernier repas de la journée et le premier de la journée suivante permet à l'organisme de se régénérer. Parlez-en à votre médecin avant de vous lancer, pour être certaine de ne pas avoir de contre-indications !

J'ACHÈTE DES PRODUITS DE SAISON, ET EN CIRCUIT COURT

C'est plus écologique. Et comme la nature est bien faite, les fruits et légumes d'été répondent aux besoins spécifiques de notre organisme quand il fait chaud, et inversement. Les fraises toute l'année, c'est fini, de même que les tomates en hiver, ou les poires en été !

JE CUISINE

J'ai longtemps zappé les casseroles. Mais désormais, je m'efforce de manger le plus souvent possible des plats que je cuisine. Je privilégie des recettes simples et saines, variées, que je peux préparer à l'avance pour les jours de rush. Vous trouverez d'ailleurs quelques idées à la fin de ce livre.

Le silence *est d'or*

Les moments de silence me font du bien. Même si j'adore être entourée, la solitude est pour moi essentielle. C'est une vraie richesse de savoir clairement ce dont on a besoin. Alors, que je sois à Paris, en plein rush professionnel, ou à Lorient avec ma famille, je prends soin de me ménager tous les jour un moment rien qu'à moi. Je peux méditer, lire, me balader… Cette coupure est nécessaire à mon équilibre.

Avez-vous déjà essayé la cure de silence?

EXERCICE : RESPIRATION PROFONDE

On a tendance à oublier, dans notre quotidien, que pour avancer sereinement, il faut un point d'ancrage. Une sensation intérieure de stabilité, de sécurité, d'assurance.
Pour trouver ce point d'ancrage quand je suis prise dans le tourbillon de journées bien remplies, je travaille ma respiration. Je calme mon rythme cardiaque avec cette technique : j'inspire pendant 5 secondes par le nez, puis j'expire doucement par la bouche un petit filet d'air, en imaginant que je souffle dans une toute petite paille. Je fais ainsi trois respirations d'affilée. C'est très efficace aussi pour gérer le stress, ça agit très rapidement et vous pouvez faire cet exercice.

EXERCICE : VISUALISATION D'UN LIEU-REFUGE

Quand je me sens anxieuse ou surmenée, je fais appel à ma *safe place*, ce lieu-refuge qui me ressource, et que je peux mobiliser à ma guise : les roches rouges de l'Estérel. Quand j'ai besoin de puiser de l'énergie dans ce lieu que j'aime tant, je m'isole et je ferme les yeux, puis j'invoque doucement des images de cet endroit qui sont ancrées j'essaye de m'en remémorer les odeurs et les sons.

Une fois que vous avez identifié votre *safe place*, pour vous aider à la visualiser les premières fois, vous pouvez regarder une photo ou une vidéo de cet endroit avant de fermer les yeux, ou encore écouter une chanson qui vous y fait penser, appeler un ami ou un proche qui y vit, et que vous associez à ce lieu-refuge.

« LA SOLITUDE EST NÉCESSAIRE
POUR REPRENDRE L'ÉQUILIBRE,
ET FAIRE LE POINT
AVEC SOI-MÊME. »
HENRI-FRÉDÉRIC AMIEL

Ma playlist zen pour retrouver le calme intérieur

DORIAN
Agnès Obel

SOUND OF SILENCE
Allison Mareek

DRAW YOUR SWORDS
Angus et Julia Stone

MOUNTAINS CRAVE
Anna Von Hausswolff

FISTFUL OF LOVE
Antony and the Johnsons

K.
Cigarettes After Sex

CHILD IN TIME
Deep Purple

GORTOZ A RAN
Denez Prigent

READ ALL ABOUT IT
Emeli Sandé

LIGHTHOUSE
Patrick Watson

EXERCICE : MÉDITATION

Ça n'est jamais évident de mettre en pause le flux de pensées « concrètes » qui nous occupent l'esprit, surtout quand on jongle entre plusieurs vies. Les « pensées parasites » mettent du temps à se dissiper, mais quand on y parvient, tout semble alors plus simple.

Mon secret? Ne pas être trop exigeante avec moi-même : on peut commencer par des séances de cinq minutes, avec en fond sonore une musique relaxante sans paroles. Si les pensées arrivent, il ne faut pas les bloquer, au contraire, il faut les accueillir, mais les laisser glisser. On peut s'aider d'un cycle de respiration : lors de l'expiration, les pensées liées au quotidien disparaissent. La clé de la méditation, c'est la régularité de la pratique.
À la fin de la séance, vous pouvez réciter un mantra qui vous est cher et vous accorder de la gratitude : c'est important, le *self-love*!

« DE LA MÉDITATION
NAÎT
LA SAGESSE. »
BOUDDHA

ET VOUS, QUEL EST VOTRE MANTRA BIENFAISANT ?

Ressourcer *son esprit*

Si la méditation et le silence, le sport et une vie équilibrée m'aident beaucoup à garder le moral et à être heureuse, je crois qu'une chose à ne pas négliger dans un quotidien bien rempli est la lecture. La littérature, les classiques, la philo, les romans feel good, tout y passe, sans hiérarchie ni jugement. Lire est un formidable yoga de l'esprit qui me permet de me recentrer.

Mes conseils de lecture

LES CLASSIQUES

Maupassant, *Bel-Ami*
Mon livre préféré, au point que j'ai en quatre exemplaires !

—

Maupassant, *Une vie*
Un livre sublime que j'ai lu et relu.

—

Maupassant, *Le Horla*
Un livre court et glaçant, mais tellement marquant. Je l'interprète différemment à chaque relecture.

—

Musset, *On ne badine pas avec l'amour*
Je connais encore par cœur la tirade de Perdican à Camille, si forte et juste, sur l'amour

—

Tristan et Iseult
Parce que l'histoire d'amour tragique de ces deux amants me rappelle aux légendes bretonnes.

Zola, *Germinal*
Le livre dont je ne me lasserai jamais, d'autant que les inégalités sont de plus en plus creusées à notre époque.

—

Molière, *Les Précieuses ridicules*
J'aime toutes les pièces de Molière, mais celle-ci a une valeur symbolique forte pour moi : c'est en effet le rôle de Magdelon qui m'a permis de montrer sur les planches pour la première fois de ma vie, au lycée.

—

Racine, *Phèdre*
La plupart des répliques m'arrachent des larmes. Je trouve d'ailleurs les tragédies classiques d'une grande puissance.

Quelques grammes *de poésie*

J'adore la photographie, surtout celle en noir et blanc. Les contrastes subliment mieux que tout les paysages et les portraits, et donnent un supplément poétique à la réalité.

LA BIBLIOTHÉRAPIE PEUT VOUS AIDER

Débordée ? Fatiguée ? Prenez régulièrement rendez-vous avec vous-même dans la semaine, pour lire quelques pages d'un auteur que vous aimez. Quelques courts instants de lecture suffisent pour s'extraire du quotidien et se sentir plus riche.

LA CLÉ DU BONHEUR

TOUS PHOTOGRAPHES !

Il y a bien sûr des artistes dont c'est le métier (merci Sylvie pour les photos de ce livre !). Mais aujourd'hui, avec un simple smartphone, on peut exercer son œil et sa créativité à petite échelle. Un joli point de vue, un instant capturé...
C'est tellement gratifiant de collectionner des traces de ces moments de vie.

Un texte qui compte beaucoup pour moi parce qu'il offre une vision très juste de l'amour, associée à une très belle langue.

«Adieu, Camille, retourne à ton couvent, et lorsqu'on te fera de ces récits hideux qui t'ont empoisonnée, réponds ce que je vais te dire : tous les hommes sont menteurs, inconstants, faux, bavards, hypocrites, orgueilleux et lâches, méprisables et sensuels ; toutes les femmes sont perfides, artificieuses, vaniteuses, curieuses et dépravées ; le monde n'est qu'un égout sans fond où les phoques les plus informes rampent et se tordent sur des montagnes de fange ; mais il y a au monde une chose sainte et sublime, c'est l'union de deux de ces êtres si imparfaits et si affreux. On est souvent trompé en amour, souvent blessé et souvent malheureux ; mais on aime, et quand on est sur le bord de sa tombe, on se retourne pour regarder en arrière ; et on se dit : " J'ai souffert souvent, je me suis trompé quelquefois, mais j'ai aimé. C'est moi qui ai vécu, et non pas un être factice créé par mon orgueil et mon ennui. "»

—

Musset, *On ne badine pas avec l'amour*

MONOLOGUE DE PERDICAN

Des livres *qui font du bien*

Épicure, *Lettre à Ménécée*
Dans ce texte, le philosophe expose sa recette du bonheur et les clés pour y parvenir. Dans les moments sombres, je relis ce livre pour me redonner espoir.

—

Laurent Gounelle,
L'homme qui voulait être heureux
Un livre très poétique qui saura vous conduire sur la voie du bonheur et de la reconnexion avec la nature.

—

Anna Gavalda, *Je l'aimais*
J'adore la plume de Gavalda, mais ce livre est sans doute l'un de ceux que je préfère d'elle. Et son adaptation à l'écran, avec Daniel Auteuil dans le rôle principal, est magistrale.

Catherine Rambert,
Petite philosophie du soir
Ce livre léger et profond à la fois propose 365 pensées positives pour être heureux tous les jours.

—

John Gray,
Les hommes viennent de Mars, les femmes viennent de Vénus
Nous ne fonctionnons pas de la même manière, et ce livre explique de manière à la fois simple et très drôle ce qui fait nos différences et nous rend si complémentaires.

CHAPITRE 4

Dans *la lumière*

Je n'ai jamais regretté d'avoir choisi le métier d'animatrice. J'aime évoluer dans ce monde où je suis très souvent confrontée à de nouveaux challenges. C'est un métier exigeant, qui nécessite beaucoup de travail, et de travail sur soi également, surtout quand on est pudique comme je le suis. Il faut essayer d'être au top tout le temps, mentalement et physiquement, donner tout en se préservant, gérer la célébrité, essuyer des critiques souvent injustes, qui peuvent toucher personnellement.

Mais la pudeur me permet de garder les pieds sur terre, de préserver mon intimité, et tout cela est absolument nécessaire à mon équilibre. Alors, quand je suis devant la caméra, j'endosse mon «costume de scène», et je me retrouve dans mon élément.

MES RÉUSSITES SONT CELLES D'UNE DISCRÈTE, ET J'EN SUIS FIÈRE !

TOUJOURS Y CROIRE

À celles et ceux qui voudraient se lancer dans un métier artistique, ou tout simplement vivre de leur passion, je dirais : croyez en vos rêves et travaillez dur.
Ce sont pour moi les deux clés de la réussite.

Les réussites d'une *discrète*

C'est un magazine qui disait ça de moi, et je trouve la formule très juste : oui, on peut réussir en ne montrant pas tout de sa vie. La clé, c'est sans doute de se faire confiance et de garder une part de mystère, de se reposer sur la force de l'entourage familial et de ne pas perdre de vue ses priorités.

UNE CHANSON QUI ME RESSEMBLE

J'aime tout particulièrement la chanson de Florent Pagny « Les murs porteurs », qui parle de ceux qui ne vous trahiront jamais, de la famille et des parents.

Le lien au public, c'est l'énergie qui me fait avancer. Alors merci à vous d'être toujours là !

Le travail comme clé de la *confiance en soi*

En travaillant, je me rassure. J'ai besoin de savoir où je vais, de maîtriser l'univers qui m'entoure : pour avoir confiance en moi, il faut que je bosse. Je n'ai pas peur du travail : on n'a rien sans rien ! Cette devise me vient de ma mère. Je m'implique énormément dans tout ce que j'entreprends, au boulot comme dans la vie. Et je suis aussi de nature plutôt appliquée, je ne laisse rien au hasard.
Quand on est très exposée, aujourd'hui avec les réseaux sociaux, être dans le « faire », dans l'action, c'est la meilleur façon de se sentir légitime, la meilleure des défenses.

« Une des clés du succès est la confiance en soi. Une des clés de la confiance en soi est la préparation. »

ARTHUR ASHE

... et inversement : *la confiance en soi,* ça se travaille

Je suis toujours très impressionnée par l'impact du travail de mon staff en backstage : ma coiffeuse ou mon coiffeur, ma maquilleuse et mes stylistes notamment m'aident à assumer mon côté glamour, qui booste ma confiance au moment où les caméras se mettent à tourner. Merci à vous tous ! Merci à mes équipes bienveillantes, fidèles, disponibles et professionnelles.

Vrai ou faux ?

J'AI UNE ROUTINE BIEN PARTICULIÈRE AVANT CHAQUE PLATEAU

VRAI. Créer un environnement cocooning, même sur mon lieu de travail, est très important pour moi. Quand l'adrénaline commence à monter, j'allume des bougies dans ma loge, pour créer une atmosphère chaleureuse et détendue avant le rush qui s'annonce. Je fais aussi en sorte d'avoir toujours des petites choses à offrir aux gens qui passent après le direct : maquilleuses, coiffeuses, mais aussi mes enfants et mon mari quand ils peuvent venir me voir.

GÉRER LE STRESS AVANT UN GROS ÉVÉNEMENT

Avant de m'endormir, la veille d'un événement important, je me mets dans ma bulle. J'essaye de me projeter dans la situation que je devrai vivre le lendemain, je passe en revue les infos dont j'aurai besoin, histoire de les imprimer. Quand on dort, le cerveau fonctionne, et assimile plein de choses. C'est d'ailleurs comme cela que je fonctionnais pour mes examens pendant mes études : même quand je savais que j'avais bien révisé, j'avais souvent un moment de stress la veille au soir. Alors, je me replongeais dans mes fiches, et le lendemain au réveil je me sentais prête pour affronter l'épreuve.

LE POUVOIR DU SILENCE

Quand plus rien ne va, ou que vous êtes confrontée à un enjeu décisif, essayez le silence. C'est une manière concrète de vous mettre tout de suite dans une bulle, c'est d'ailleurs la base de la méditation ou de la sophrologie... Vous verrez, l'effet est immédiat.

Préparer *un direct*

Cela demande beaucoup de travail pour tout le monde. On a un conducteur à respecter. Tout le monde est concentré, à son poste, et sur certaines émissions, nous sommes une équipe de plus de deux cents personnes sur le plateau. On organise ce que l'on appelle un filage, c'est-à-dire une répétition générale dans les conditions du direct, quelques heures avant le début de l'émission. Mais on n'est jamais à l'abri d'un imprévu au moment T. Pourtant, tout doit être le plus fluide possible, pour que les téléspectateurs profitent à fond de leur divertissement. Parfois, des imprévus nous conduisent à improviser...

UN TRAVAIL D'ÉQUIPE AVANT TOUT

Caméramans, maquilleurs, attachés de presse, techniciens lumières, musiciens, coordinateurs, régisseur, stylistes, directeurs artistiques, producteurs, réalisateurs... Impossible de tous les citer. Un plateau de prime, c'est une véritable ruche ! Même si nos métiers sont très différents, nous partageons tous la même passion, et chaque personne présente sur le plateau est indispensable à ce que tout fonctionne bien.

SUR LE PLATEAU DE *THE VOICE*

PLAYLIST THE VOICE

Coachs et talents

DONNE-MOI TON CŒUR
Louane (la version acoustique)

TU N'ES PLUS LÀ
Amel Bent

TOUTES LES MACHINES ONT UN CŒUR
Maëlle

LES YEUX DE LA MAMA
Kendji Girac

J'AI CHERCHÉ
Amir

POUR NE PLUS AVOIR PEUR
Lilian Renaud

JE SUIS UN HOMME
Zazie

DEAR JEALOUSY
Mika

UN HOMME
Jérémy Frérot

LES MURS PORTEURS
Florent Pagny

DONNE-MOI LE TEMPS
Jenifer

JE SERAI LÀ
Slimane et Vitaa

SEUL
Garou

RICHE
Claudio Capéo

FOLIE ARCADIENNE
Arcadian

L'ADIEU
Anne Sila

JE M'EN VAIS
Vianney

BANG BANG
Sonia Lacen

QU'EST-CE QUE T'ES BELLE
Marc Lavoine et Catherine Ringer

ADAGIO
Lara Fabian

D'animatrice *à candidate*

Avant de participer comme candidate à « Danse avec les stars », je n'avais jamais vraiment appris à danser. Quand j'ai compris à quel point les répétitions allaient être intenses, j'ai cru que je n'y arriverais jamais. Pourtant, j'ai réussi à dépasser mes croyances limitantes et, à force de travail et de persévérance, je suis arrivée jusqu'en demi-finale.

QU'EST-CE QU'UNE CROYANCE LIMITANTE ?

C'est cette petite voix intérieure qui vous dit, lorsque vous entreprenez quelque chose de nouveau, que vous n'y arriverez pas, que vous êtes plutôt comme ci, ou comme ça, et que cela vous empêche d'avancer. C'est un blocage psychologique qui vient souvent de l'enfance. Faire sauter une croyance limitante, croyez-moi, c'est magique.

Et vous, avez-vous déjà identifié des croyances limitantes dans votre vie ?

« Il n'y a aucune limite à ce que nous pouvons accomplir en tant que femmes. »

MICHELLE OBAMA

LES RÉPÉTITIONS DE DALS, OU COMMENT J'AI DÉPASSÉ MES LIMITES

L'avantage, quand on part de zéro, c'est que la marge de progression est immense ! C'est ce qui m'a motivée pour me donner à fond, pendant trois mois, de septembre à décembre, sept jours sur sept, de 8 heures à 20 heures, parfois même un peu plus.

C'était intense, d'autant plus que j'ai commencé les répétitions 4 mois après la naissance de mon fils Maël. Mais j'ai eu la chance d'être formée par deux coachs formidables, mes partenaires à l'écran, qui m'ont appris le tango, le fox-trot, le chacha, la rumba... Ils m'ont aussi fait découvrir deux choses essentielles : pour bien danser, il faut y prendre beaucoup de plaisir et savoir raconter une histoire. Avant chaque prime, je savais que tout ne serait pas parfait : mais ce sont les imperfections qui rendent humains. Moi, je trouve que les imperfections sont belles.

« LA DANSE EST LE PLUS SUBLIME,
LE PLUS ÉMOUVANT,
LE PLUS BEAU DE TOUS LES ARTS,
PARCE QU'ELLE N'EST PAS
UNE SIMPLE TRADUCTION
OU ABSTRACTION DE LA VIE ;
C'EST LA VIE ELLE-MÊME. »

HENRY HAVELOCK ELLIS

Playlist DE MES CHORÉGRAPHIES DALS

I'LL BE THERE FOR YOU
The Rembrandts

LAISSEZ-MOI DANSER
Dalida

BOOTY
Jennifer Lopez

THIS IS WHAT YOU CAME FOR
Calvin Harris

WHAT A FEELING
Irene Cara

DON'T LET ME BE MISUNDERSTOOD
Santa Esmeralda

ON SE RETROUVERA
Francis Lalane

TI AMO
Umberto Tozzi

LES YEUX DE LA MAMA
Kendji Girac

SAPÉS COMME JAMAIS
Maître Gims

CELL BLOCK TANGO
Chicago

CHRISTINE
Christine & the Queens

Sur le plateau de *« Danse avec les stars »*

Les jours de prime time ne sont pas des jours comme les autres. Aussi bien pour « The Voice » que pour « Danse avec les stars », on nous demande à toutes et à tous d'arriver sur le plateau bien avant le début de l'émission. C'est-à-dire dans la matinée, pour un tournage qui débute en général vers 21 heures.

Vrai ou faux ?

J'AI TOUJOURS UNE BOUTEILLE DE CHAMPAGNE DANS MA LOGE

FAUX. En revanche, j'ai toujours une boîte de bonbons qui m'attend, mon petit plaisir coupable. J'en mange avant le direct, pour me donner de l'énergie.

❑ 8 H 20

Mon coach est arrivé.

Pas le temps de traîner, il faut que j'aille me préparer. *Stretching, cardio, renforcement...*

❑ 10 H 30

Séance terminée. Il est temps pour moi de prendre une vraie douche, chaude et délassante cette fois.

J'enfile des vêtements confortables, dans lesquels je serai contente de me glisser ce soir après le direct.

❑ 11 H 00

Je salue mes collègues qui sont déjà là, on partage un café et je prends possession de ma loge.

Une journée pas comme les autres

❑ 11 H 30

Tout le monde est là, on prend connaissance du conducteur de la soirée, on commence à répéter nos placements sur le plateau.

❑ VERS 14 H 00

C'est *l'heure du déjeuner.* Depuis le Covid, on est contraints de le prendre dans nos loges, c'est un peu plus triste, mais on fait avec et on a hâte de repartager des moments tous ensemble.

❑ 14 H 30

C'est parti pour *le filage* : une répétition complète dans les conditions du direct, sans public.

❑ 18 H 30

Coiffure, maquillage, retouches tenues... C'est le moment où tout prend vie.

❑ 19 H 30

On dîne. C'est toujours un peu léger car la tension monte.

❑ 20 H 50

Showtime !

❑ 1 H DU MATIN

Fin de tournage. La pression retombe, je me change, j'appelle un taxi, et je rêve déjà d'une *bonne nuit de sommeil.*

Le pouvoir du style *sur la confiance en soi*

Sur les plateaux, mais aussi lors des shootings que je réalise lorsque je suis ambassadrice de marques de vêtements et de cosmétiques, ou encore dans le cadre de mon engagement associatif, je suis entourée de personnes formidables. Maquilleuses, stylistes, photographes, agents, coiffeuses… tous et toutes m'encouragent à donner le meilleur de moi-même, en assumant pleinement qui je suis. Depuis le temps que nous travaillons ensemble, un esprit de famille est né, et les moments que l'on partage, sont toujours forts en émotion.

« Les grandes affaires n'ont jamais été réalisées par une seule personne : elles sont réalisées par une équipe de gens. »

STEVE JOBS

ON DEVIENT CE QUE L'ON PORTE

Pour me sentir bien dans ma peau, j'ai besoin de me sentir bien dans ce que je porte. J'adore la mode, mais je privilégie toujours une tenue en accord avec ce que je suis, qui me permette de me sentir en confiance. Quand je suis fidèle à moi-même, à mon style, je me sens bien, et je sais que je dégage une énergie positive. La mode coûte que coûte, très peu pour moi ! J'ai trouvé ma manière de m'habiller, je la garde : ma styliste en sait quelque chose. Comme le disait si bien Coco Chanel : « La mode se démode. Le style, jamais » !

En matière de maquillage, je me suis toujours beaucoup inspirée d'icônes comme Brigitte Bardot ou Claudia Cardinale. Je leur ai emprunté leur maquillage charbonneux, qui souligne et intensifie le regard. C'est vraiment devenu ma signature, j'aime ce côté un peu vintage et sexy à la fois. Pendant le confinement, quand il a fallu apprendre à vivre avec le masque, j'étais contente de pouvoir au moins continuer à maquiller mes yeux.

CINQUANTE NUANCES DE NOIR

Laëtitia Delhaie, ma maquilleuse et amie, a bien compris que le smoky faisait partie intégrante de ma personnalité : je lui fais confiance pour exprimer sa créativité comme elle le souhaite, tout en respectant qui je suis. Alors, pour les yeux, on décline les différentes versions du charbonneux, sans jamais s'en éloigner.

CONSEIL MODE

Si je devais donner un conseil mode, ce serait celui-ci : faites attention à l'harmonie de votre look. Si vous décidez de porter un haut décolleté, préférez un pantalon ou une jupe longue à un short ou à une mini-jupe. Et *vice-versa*. Il en va de même en matière de maquillage : vous optez pour une bouche très rouge ? Maquillez très légèrement les yeux. Vous aussi, vous êtes fan de charbonneux ? Laissez votre bouche nude.

«*Mask Singer*»: chanter et danser, même pas peur !

Pour « Mask Singer », je me suis retrouvée dans la même situation que pour DALS : avant l'émission, je n'avais jamais pris de cours de chant. Alors, quand on m'a proposé de participer à l'émission, je me suis dit : fonce ! Et j'ai travaillé d'arrache-pied avec une super coach, Alexandra Chabane, pour apprendre à sortir ma voix, à la placer comme il faut, à chanter avec un micro.

COMMENT SE PASSAIT UNE RÉPÉTITION ?

Elle commençait toujours par un échauffement de la voix, à base de vocalises. Ensuite, on s'attaquait à la diction : cela a représenté des heures et des heures de travail, surtout pour les chansons en anglais. Car je suis loin d'être *fluent*. Enfin, j'ai appris à sortir ma voix, à la projeter, à la poser comme il faut sur la musique, et à réaliser une performance complète de danse et de chant.

Je suis très fière d'être arrivée jusqu'en quart de finale. Et surtout, d'avoir dupé mon ami et collègue Camille Combal, qui présentait l'émission et qui ne m'a pas reconnue...

Durant le tournage de l'émission, j'ai été confrontée à un autre défi, et non des moindres : danser et chanter perchée sur des talons de douze centimètres... sans rien y voir. Mon costume ne comportait que deux fentes qui me permettaient à peine de distinguer les contours de la scène... J'ai eu quelques angoisses, notamment lorsque je me suis retrouvée sur une plateforme qui m'emportait à trois mètres de hauteur.

THE SHOW MUST GO ON

Cette chanson de Queen est très difficile à interpréter, même pour des chanteurs professionnels : voilà ce que m'a dit ma coach quand je lui ai fait part de mon envie de choisir ce titre, qui a une forte symbolique à mes yeux.! Elle a modifié la tonalité de la chanson afin de la faire correspondre le mieux possible à ma tessiture de voix, et nous avons travaillé sans relâche jusqu'à ce que j'en maîtrise les subtilités. Aujourd'hui, quand je regarde ma performance sur scène, je suis émue et fière d'avoir pu interpréter cette chanson si puissante et si chère à mon cœur.

FIERTÉ TOTALE !

Pour ses cinq ans, mon fils a voulu se déguiser en... Spiderman, l'homme-araignée! « Comme toi, maman. »

« L'art de la réussite consiste à savoir s'entourer des meilleurs. »

J. F. KENNEDY

Playlist DE "MASK SINGER"

LA GRENADE
Clara Luciani

CAN'T GET YOU OUT OF MY HEAD
Kylie Minogue

SANS CONTREFAÇON
Mylène Farmer

HE SHOW MUST GO ON
Queen

AVANT TOI
Slimane et Vitaa

JUSTIFY MY LOVE
Madonna

Savourer sa chance *et s'inspirer des étoiles*

Mes années à la radio, où j'avais pour mission d'interviewer des invités d'horizons différents, ont été essentielles. J'ai d'ailleurs eu la chance d'être la première femme à intégrer une matinale aux côtés de Nikos Aliagas. Je garde un magnifique souvenir de ces années. Sur RFM, j'ai eu l'occasion de rencontrer des artistes incroyables. Chaque fois j'ai été frappée par leur grande simplicité. Je garde de très beaux souvenirs de chacune de ces interviews, et j'ai eu envie de partager avec vous certaines d'entre elles qui m'ont particulièrement marquée.

PHIL COLLINS

L'interview a eu lieu à Londres, et j'ai dû la mener du début à la fin en anglais, sans interprète. Je n'avais jamais eu à tenir une conversation complète de plusieurs heures en anglais. Mon niveau de concentration durant toute la rencontre a été particulièrement intense. Mais la grande gentillesse de Phil Collins, sa simplicité et sa sincérité déconcertantes m'ont tout de suite mise à l'aise. Nous avons passé un moment exceptionnel, durant lequel le chanteur s'est livré à cœur ouvert sur sa vie.

MYLÈNE FARMER

Quand on m'a chargée de m'entretenir avec elle, j'ai tout de suite dit oui. Je me souviendrai toujours de son entrée dans le studio : magnétique. Le mythe était devant moi : un de mes modèles de discrétion et de réussite.

FRANCE GALL

Mon entretien avec France Gall m'a vraiment bouleversée, tant il était fort en émotions. L'icône de la chanson française s'est beaucoup livrée sur sa fille, Pauline, emportée par la mucoviscidose en 1997 à l'âge de dix-neuf ans. Ce drame est survenu alors que la chanteuse tentait de surmonter le deuil de son mari, Michel Berger. Cette femme m'a impressionnée par sa force et sa résilience : elle a continué à chanter, à monter sur scène, à se battre. « On avance dans le brouillard pendant des mois et on fait les choses qu'il faut faire parce que la vie continue et qu'on a des enfants. Il y a un métier, un public. Quitte à vivre des choses extraordinairement tristes et douloureuses, autant les vivre en face. » Je retiendrai toute ma vie ces mots empreints d'une grande sagesse.

—

LA VIE EST FAITE DE BELLES RENCONTRES, D'OPPORTUNITÉS, D'ÉCHANGES QUI FONT GRANDIR. ET VOUS ? QUELLES SONT LES RENCONTRES DÉCISIVES DE VOTRE VIE ?

—

CARLA BRUNI-SARKOZY

La chanteuse Carla Bruni est une femme très douce, mais c'est aussi une femme de convictions. Elle était venue au micro de mon émission «Un dimanche avec» pour parler de son engagement en faveur de la lutte contre la maladie d'Alzheimer, une maladie terrible puisqu'elle «fait perdre son âme». Elle est également revenue sur sa carrière, sur le mandat de son mari Nicolas Sarkozy et sur ses obligations de première dame, ainsi que sur la jeune génération d'artistes. Je garde l'image d'une femme discrète et généreuse.

ALBERT DE MONACO

Au-delà du statut, j'ai découvert un homme heureux d'être présent pour répondre à mes questions. Les ors du Palais, c'est une chose, mais les qualités humaines qui se cachent derrière toute cette splendeur sont fidèles à la beauté du lieu.

Être une femme *dans les médias*

S'il fallait ne retenir qu'un livre, ce serait *Femmes puissantes* de Léa Salamé. Une galerie de modèles, comme pour montrer par l'exemple (et c'est sans doute la meilleure manière de le faire !) que tout est possible, à portée de main. Un livre à transmettre à la prochaine génération, en guise d'encouragement.

Depuis que j'ai commencé à animer des émissions à la télévision, j'ai eu la chance d'évoluer le plus souvent au milieu de personnes bienveillantes. Mais dans un métier d'image comme le mien, la parole se libère enfin sur les discriminations qui, ne nous le cachons pas, existent malheureusement. J'ai une très grande admiration pour ces femmes qui, quoi qu'il arrive, savent rester fortes et désigner ce qui leur fait du mal. Célèbre ou invisibles, elles sont les actrices d'une société meilleure.

C'est un phénomène auquel je suis d'autant plus sensible que je suis la mère d'une petite fille. Comment lui donner les mêmes chances qu'à un garçon ? Comment la valoriser au mieux pour que personne ne mette en doute ses capacités ? Pour cela, seule la solidarité entre femmes nous aidera. Le chemin risque d'être long encore pour que ces inégalités cessent. Mais ensemble, nous y arriverons !

« LES FEMMES SONT
LE PLUS GRAND RÉSERVOIR
INEXPLOITÉ DE TALENTS
AU MONDE. »

HILLARY CLINTON

–

« LA FEMME SERAIT VRAIMENT
L'ÉGALE DE L'HOMME LE JOUR
OÙ, À UN POSTE IMPORTANT,
ON DÉSIGNERAIT UNE FEMME
INCOMPÉTENTE. »

FRANÇOISE GIROUD

CHAPITRE 5

Les combats *de mon cœur*

Quand on est une personnalité publique, on peut faire passer certains messages qui nous tiennent à cœur. On a une vraie responsabilité vis-à-vis des autres.

Je n'ai pas attendu de faire de la télé pour m'engager. Mais au fil du temps, j'ai été sensibilisée à des causes pour lesquelles j'ai eu envie de donner de la voix et que j'ai voulu rendre plus visibles.

Bien sûr, je ne suis pas parfaite, mais je pense qu'on peut tous et toutes faire évoluer nos habitudes au quotidien, en matière de santé, d'écologie, de respect des animaux, de tolérance. Et le nombre de causes qui méritent d'être défendues est immense, elles gagneraient toutes à être mises en lumière.

La mucoviscidose : sensibiliser, informer, aider

Depuis sa création en 2007, vous le savez, je suis naturellement engagée aux côtés de l'association Grégory Lemarchal, qui lutte contre la mucoviscidose. J'en suis la marraine, aux côtés de Nikos Aliagas, de Patrick Fiori et de Mickaël Landreau. Je connais bien cette maladie génétique mortelle, qui touche principalement les voies respiratoires et le système digestif. Si on ne peut pas en guérir et qu'elle continue d'emporter chaque année de nombreux jeunes, les progrès de la science donnent de grands espoirs : bientôt peut-être, les traitements permettront de vivre avec cette maladie.

Nous avons encore et toujours besoin de la générosité de tous pour faire avancer la recherche et nous aider à voir ouvrir la Maison Grégory Lemarchal, à Rueil-Malmaison, proche de l'hôpital Foch. C'est la première maison d'accueil en France destinée à aider les patients atteints de mucoviscidose à mener à bien leur projet de vie. Si vous le pouvez, faites un don à l'Association Grégory Lemarchal, ou engagez-vous comme bénévole à nos côtés. Un grand merci aux bénévoles, aux soignants et aux donateurs : grâce à vous, le combat continue. Et vous le savez, ensemble nous sommes plus fort. Merci du fond du cœur.

LA MUCOVISCIDOSE EN CHIFFRES

La mucoviscidose concerne **1 naissance sur 4 500** environ en France, soit **200 naissances** chaque année.

On recense **1 nouveau-né** atteint par la maladie **tous les 3 jours**.

Elle toucherait environ **7 000 personnes en France**, enfants comme adultes, hommes comme femmes.

L'âge moyen de décès d'un patient atteint de mucoviscidose est de **34 ans**.

La cause animale : l'amour du vivant

Quand on prend la parole pour des êtres qui ne l'ont pas, il ne faut jamais oublier que c'est une grande responsabilité. Je suis ouvertement contre la corrida, l'enfermement dans les cirques, les zoos, les bassins... Il m'est arrivé de faire des erreurs, de me rendre dans des cirques, ces lieux de cruauté absolue, pour mon travail. Mais j'ai vécu il y a quelques années une vraie prise de conscience , et je soutiens désormais de tout mon cœur plusieurs refuges et l'association PETA, dont je suis devenue la porte-parole.

APPRENDRE AUX ENFANTS LE RESPECT DES ANIMAUX

Les enfants d'aujourd'hui sont les adultes de demain. Je pense qu'il est primordial de les éduquer au mieux dans le respect des animaux. Avoir un animal chez soi apporte un supplément d'humanité. Il apprend aux enfants comment se comporter avec plus vulnérable que soi, à se montrer à l'écoute des besoins d'autrui, à avoir des responsabilités. Inculquer à nos enfants, les bons réflexes et les bonnes valeurs dès leur plus jeune âge, c'est leur permettre de devenirdes adultes responsables et respectueux.

« On n'a pas deux cœurs, un pour les animaux et un pour les humains. On a un cœur, ou on n'en a pas. »

ALPHONSE DE LAMARTINE

POUR CHAQUE SÉANCE PHOTO AVEC DES ANIMAUX, IL FAUT FAIRE UN TRAVAIL PRÉALABLE : LES CARESSER, LES RASSURER, LEUR MONTRER QU'ON EST LÀ POUR LEUR DONNER DE L'AMOUR. C'EST TRÈS IMPORTANT : POSER AVEC UN ANIMAL, CE N'EST PAS COMME POSER AVEC UN OBJET.

Equit'M

—

« ON RECONNAÎT LE NIVEAU
D'ÉVOLUTION D'UN PEUPLE
À LA MANIÈRE DONT IL TRAITE
SES ANIMAUX. »

—

GANDHI

NON à la fourrure : mon engagement comme porte-parole de PETA France

Vous ne le savez peut-être pas, et je ne le savais pas non plus : dans les élevages producteurs de fourrure, les animaux vivent un véritable enfer. Ils sont privés de tout ce qui leur permet d'assouvir leurs besoins naturels et physiologiques, mais aussi de soins vétérinaires. Ils sont confinés dans des petites cages insalubres et souffrent d'importants troubles physiques et psychologiques liés à l'enfermement. Enfin, ils sont abattus dans des conditions indignes.

Il est temps d'abandonner définitivement ces pratiques cruelles. C'est pour cela que je me suis engagée auprès de l'association PETA (Pour une éthique dans le traitement des animaux), qui rappelle à juste titre que les animaux ne nous appartiennent pas et qu'ils ne sont pas faits pour nous servir de vêtements.

ET POUR LE CUIR ?

Les consciences évoluent et l'industrie de la mode est en pleine (r)évolution. La fausse fourrure n'est plus loin de faire l'unanimité, sur le plan éthique bien sûr, mais aussi écologique (le traitement des peaux s'effectue avec des substances chimiques extrêmement toxiques) et sanitaire (on a découvert que les élevages de visons, notamment sont des foyers de virus). Pour remplacer le cuir, on peut aussi utiliser désormais des matériaux éthiques et écologiques, car l'innovation dans ce domaine est fulgurante : certains matériaux qui imitent à la perfection le cuir sont réalisés à base de raisin, de champignon ou d'ananas. Le résultat est bluffant. Je sais que j'ai beaucoup de chemin à faire, mais j'espère, à mon échelle, éveiller les consciences.

BRAVO À HUGO CLÉMENT !

J'admire en particulier le travail et l'engagement d'Hugo Clément qui met son talent de journaliste au service de la cause animale (entre autres). Après avoir travaillé avec L214 sur les conditions d'abattage, il est aujourd'hui investi dans un projet magnifique : la création d'une réserve naturelle dans le Vercors.

TOURNEZ
LE DOS À LA
FOURRURE.
Karine Ferri
POUR PETA

Engageons-nous *pour l'adoption* et contre l'abandon

Depuis mon plus jeune âge, je l'ai dit, les animaux de compagnie occupent une place importante dans mon cœur, et dans ma famille. Jusqu'à ces dernières années, j'accueillais dans mon foyer des bébés animaux que j'achetais chez des éleveurs, comme ce fut le cas pour ma chienne Dolmen et pour Menhir, mon chat. Mais en travaillant avec les associations, j'ai eu une vraie prise de conscience. Il y a tellement de chiens, et d'animaux domestiques en général, qui ont été maltraités dans leur foyer d'origine, abandonnés, pas considérés, à qui nous pouvons offrir une d'une seconde chance. Encore plus que les autres, ils ont besoin d'amour, d'être choyés, et de retrouver confiance en l'humain. L'amour et la gratitude qu'ils peuvent offrir en retour n'en seront que plus forts.

Adopt, don't shop!

STOP ABANDON !

En 2020, la SPA a recueilli dans ses refuges plus de 40 000 animaux abandonnés. C'est un peu moins qu'en 2019, mais c'est encore trop. Pour lutter contre ce fléau, la première chose à faire est d'éduquer nos enfants et de leur apprendre cette règle : un animal n'est pas un jouet que l'on « offre », c'est avant tout une responsabilité. Je trouve exceptionnel le travail des associations et des refuges, qui font tant pour les animaux. J'ai énormément de respect pour Reha Hutin, présidente de 30 millions d'amis, ainsi que pour Brigitte Bardot et son engagement légendaire en faveur de la cause animale et le bien-être des animaux. Vu le nombre d'abandons et de sauvetages d'animaux qui ont lieu chaque année, les associations et les refuges ont plus que jamais besoin de nos dons. D'autant que la plupart ne fonctionnent que grâce à des bénévoles dévoués. Merci à eux !

S'ENGAGER QUAND ON A UN PETIT BUDGET

Tout le monde n'a pas de budget à consacrer à des associations. Mais sachez que chaque don, même le plus petit, peut contribuer à porter secours à des animaux en détresse. Vous pouvez d'ailleurs faire des dons de nourriture pour leurs pensionnaires. Votre chat a grandi, et vous avez encore un sachet de croquettes pour chaton ? Cela fera le bonheur d'une portée. Enfin, vous pouvez aussi donner du temps et de l'amour en devenant bénévole dans un refuge ou une association.

Souvenez-vous que vos dons sont déductibles des impôts !

Préserver la planète, un défi au quotidien

En matière d'écologie, s'il est nécessaire d'adopter des politiques fortes pour réduire nos déchets et préserver les ressources de la planète, il est également possible que chacun agisse à son échelle. Et cela ne se limite pas au tri des déchets – même si c'est un bon début.

La défense de notre environnement est un combat qui me tient à cœur. Même si je ne suis pas encore experte, j'ai fait certains progrès dans mes gestes de tous les jours, car " *There is no planet B*[1] *!* ".

LE PLASTIQUE, C'EST PAS MAGIQUE

Le plastique est un matériau bon marché, facile à produire, léger,
en d'autres termes extrêmement pratique et doté d'avantages indéniables.
Pourtant, il est extrêmement polluant,
peu recyclable : un vrai fléau pour la planète.
Je peux le constater très concrètement sur nos côtes.

10 tonnes de plastique sont produites par seconde dans le monde.

9 milliards de tonnes de déchets plastiques ont été produites par l'homme depuis 1950.

9 % seulement des déchets plastiques sont recyclés.

13 millions de tonnes de plastiques se retrouvent au fond de nos océans chaque année.[2]

Chacun à son rythme et en fonction de ses capacités
et de ses moyens, nous pouvons changer nos habitudes
et bannir le plastique de nos vies autant que possible

[1] « Il n'y a pas de planète B ! » — [2] Source : rapport de l'ONU

La tortue sauvée de sa prison de plastique

Ces photos ont été prises par des amis à l'été 2020, alors que nous sommes en train de profiter d'une journée de vacances. Nous nous baignons dans la Méditerranée quand quelque chose attire notre regard.
Il s'agit d'une tortue en train d'agoniser dans une bâche en plastique dont elle est prisonnière.
La pauvre bête est à bout de forces, elle a dû lutter pendant des heures. Sa tête est enroulée dans les filets, et son cou est lacéré.
Grâce à l'aide d'un policier municipal de Saint-Raphaël (merci à lui), nous avons réussi à la sauver en coupant la bâche autour de son cou et en la remettant à la mer.
Voilà encore un triste exemple qui montre que le plastique continue de polluer l'environnement et de menacer la faune de nos océans. La tortue marine fait partie des espèces les plus touchées par les ravages des déchets plastiques.

Les déchets plastiques polluent la nature et la mer, ils tuent la faune locale, alors prenons soin ensemble de notre planète en faisant attention à ne pas les jeter n'importe où.

Objectif zéro déchet et consommation responsable : *les bons réflexes*

Depuis plusieurs années, j'ai pris conscience qu'il suffisait parfois de pas grand-chose pour changer ses habitudes de consommation et produire moins de déchets plastiques.
De plus en plus de marques proposent des objets du quotidien réutilisables, souvent malins et rigolos. Petit à petit, sans vouloir tout changer en un jour, j'essaie de faire ma part. Le plus difficile, selon moi, c'est de passer ce cap en arrêtant de culpabiliser : faire un peu vaut toujours mieux que ne rien faire du tout.
Je pense que nous pouvons tous et toutes y arriver. Voilà mes astuces, que j'inculque à mes enfants pour que ces nouveaux réflexes pour moi deviennent pour eux des habitudes.

Faire un peu vaut toujours mieux que ne rien faire du tout.

Mes astuces pour *consommer mieux et plus responsable*

J'achète de plus en plus « en vrac », au supermarché comme au marché, pour limiter la prolifération de contenants, et surtout d'emballages en verre. Ce que j'achète le plus en vrac : pâtes, riz, noisettes et fruits secs.

Je conserve les bocaux et autres contenants en verre (bocaux de haricots verts ou de maïs, par exemple) et je les réutilise pour y mettre ce que j'achète en vrac.

J'ai toujours sur moi un tote bag – ces sacs de toile super sympas – quand je vais me balader. Comme ça, si je me retrouve à faire des courses imprévues, je n'ai pas besoin de demander un sac jetable à la caissière.

Je congèle mes restes, pour éviter de les jeter. Une part de quiche au fond du frigo ? Au congélateur entre deux feuilles de papier cuisson. Un reste de bouillon de légumes ? Dans un bac à glaçons : je n'aurai qu'à en décongeler la quantité nécessaire. Des légumes que je voudrai manger hors saison ? Je les découpe crus et je les place dans un contenant qui supporte le froid : et je pourrai ainsi les décongeler pour les cuisiner quand je veux !

J'achète des fruits et légumes de saison, en circuit court. C'est meilleur pour la santé… et pour la planète !

J'utilise une gourde plutôt que des bouteilles en plastique. Mes enfants et mon mari aussi : chacun a choisi un design qui lui plaît, comme ça il n'y a pas de risque de les confondre !

J'opte pour du maquillage éthique, non testé sur les animaux. Pas besoin de vous expliquer pourquoi, il me semble.

Vrai ou faux ?

J'AI UN POTAGER

FAUX… mais ce projet est en cours ! J'ai hâte de pouvoir manger des légumes et des fruits passés directement de la terre à l'assiette, et que j'aurais récoltés avec mes enfants.

Courir pour la planète : *le Marathon Vert*

Quand on m'a proposé le beau projet d'être la marraine du Marathon Vert de Rennes en 2019, j'ai tout de suite accepté avec grand plaisir. Parce que cette course porte des valeurs qui me sont chères : des valeurs sportives, mais aussi humanitaires, humaines et écologiques. Des valeurs de solidarité qui me tiennent vraiment à cœur.

Le principe est simple : un kilomètre parcouru = un arbre planté. En huit ans, plus de 840 000 arbres ont été plantés en France, mais aussi en Éthiopie, en Inde, au Portugal et en Allemagne.

S'engager auprès du Marathon Vert, c'est aussi une façon pour moi de donner l'exemple à mes enfants : ce sont eux qui devront vivre sur la planète que nous leur laisserons. Il est donc d'autant plus important pour moi qu'elle soit préservée au maximum.

Lutter contre l'homophobie : *une bataille loin d'être gagnée*

Les violences commises envers les homosexuels ne cessent malheureusement d'augmenter, en France et comme ailleurs. Et la violence, se trouve parfois aussi au cœur de la famille : certains parents rejettent leur enfant et le mettent à la porte en raison de son homosexualité. La plupart n'ont pas encore fini leurs études, n'ont pa de travail et se retrouvent à la rue, dans une précarité extrême. C'est pour cela que je suis solidaire de l'association Le Refuge, qui s'est donné pour mission de protéger les jeunes victimes de violences anti-LGBT et/ou sans domicile, leur proposant un accompagnement psychologique, ainsi qu'un hébergement quand ils et elles en ont besoin.

Le 17 mai, c'est la journée mondiale de lutte contre l'homophobie. Soutien total à l'association Le Refuge ! Merci à eux !

CHAPITRE 6

Mes *recettes*

L'hospitalité et le partage sont deux valeurs ancrées dans mon patrimoine génétique. Chez nous comme chez mes parents, et chez leurs parents avant eux, la porte est toujours ouverte et il y a de quoi manger si un invité surprise vient nous rendre visite. C'est très important pour moi de savoir que mes amis, ma famille, mes proches se sentent les bienvenus quand ils franchissent le seuil de notre maison.

Quand nous recevons du monde, ce qui compte c'est de partager un moment tous ensemble. Alors, même quand nos amis passent à l'improviste, nous trouvons de quoi concocter quelques recettes rapides. On cuisine surtout des plats de partage, que l'on pose sur la table pour que chacun se serve. Toute l'ambiance chaleureuse que nous recherchons passe par là.

«Les personnes les plus importantes ne sont pas celles qui ont la tête pleine de connaissance... Ce sont celles qui ont le cœur plein d'amour, des oreilles prêtes à écouter, les mains prêtes à aider.»

OLIVE LEMBE DI SITA

Dans mon frigo, vous trouverez toujours...

Je ne prétends pas être un modèle, et cette liste est surtout là pour que vous y piochiez des idées vous permettant d'améliorer n'importe quelle recette quand vous n'aurez pas le temps de cuisiner...

de quoi faire une quiche comme m'a appris à le faire ma maman

du fromage frais salé type *cream cheese*

des citrons (*beaucoup de citrons*)

des oignons

des avocats bien mûrs

un pot d'olives, mon péché mignon

des crudités en tout genre et de saison

une pâte feuilletée et une pâte à pizza AU MOINS !

du pesto (*vert et rouge*)

de la sauce tomate

du fromage râpé (*parmesan, gruyère, comté... j'adore le fromage*)

des herbes fraîches (*basilic, persil, aneth...*)

Mes recettes *ensoleillées*

S'il y a une chose que ma mère m'a apprise, c'est de faire honneur à mes racines en passant par la case cuisine. Les recettes portugaises sont souvent complexes et nécessitent de longues préparations que je ne maîtrise pas encore parfaitement, loin de là. Mais elles sont tellement savoureuses! L'important n'est pas de cuisiner comme un chef trois étoiles (même si je voulais, je n'y parviendrais pas), mais de proposer à mon entourage des recettes authentiques, généreuses, et réconfortantes.

C'est pourquoi j'ai décidé de partager avec vous celles que je préfère et que je pourrais, il me semble, manger à peu près tous les jours, si c'était raisonnable!

Vrai ou faux?

J'ADORE CUISINER

VRAI, mais jamais pour moi toute seule. Si je cuisine, c'est pour partager avec mes proches un repas concocté avec amour. Quand je suis seule, je me contente de plats très simples et rapides à préparer.

Ma playlist cuisine

QUAND JE SUIS AUX FOURNEAUX, J'AI AUTANT BESOIN D'ÉNERGIE QUE DE BONNES ONDES, ZEN.

INITIALS BB
Serge Gainsbourg

ELLA, ELLE L'A
France Gall

PADAM
Benjamin Biolay

SLAVE TO LOVE
Brian Ferry

UN JOUR AU MAUVAIS ENDROIT
Calogero

EYES WITHOUT FACE
Billy Idol

MA BENZ
Brigitte

TIME OF MY LIFE
Dirty Dancing

SWEET HARMONY
Beloved

COUPE COUPE
Vanessa Paradis

les pâtes au THON & CÂPRES

ma madeleine de Proust

POUR 2 PERSONNES, IL VOUS FAUDRA :

- 240 G DE SPAGHETTIS
- 1 BOÎTE DE THON À L'HUILE
- 1 BOÎTE DE TOMATES PELÉES
- 1 OIGNON DE TAILLE MOYENNE
- DU CONCENTRÉ DE TOMATES
- 2 CUILLÈRES À SOUPE DE CÂPRES EN SAUMURE
- 1 CUILLÈRE À CAFÉ DE MIEL
- DU BASILIC FRAIS
- DU SEL ET DU POIVRE
- DU PARMESAN FRAIS (POUR LES PLUS GOURMANDS)

Pendant que vous faites chauffer l'eau des pâtes avec un peu de gros sel, commencez par peler l'oignon et l'émincer finement.

Versez un peu d'huile de la boîte de thon dans une poêle bien chaude et faites revenir l'oignon quelques minutes, avec une cuillère à café de concentré de tomates.

Incorporez-y le reste de l'huile avec le thon, que vous aurez émietté au préalable avec une fourchette, ainsi que les câpres, puis laissez cuire à feu doux 2 à 3 minutes.

Il est temps d'ajouter à tout cela les tomates pelées, que vous écraserez dans la poêle avec votre spatule en bois. En même temps, faites cuire les pâtes en respectant le temps indiqué sur le paquet.

Quand le mélange commence à bouillir dans la poêle, une cuillère à café de miel viendra atténuer l'acidité des tomates. Saupoudrez de sel et de poivre pour rectifier l'assaisonnement, puis laissez mijoter doucement pendant 10 à 15 minutes.

À la fin, ajoutez le basilic frais ciselé. Égouttez les spaghettis en conservant un tout petit peu d'eau de cuisson (astuce de ma maman : l'amidon rendra la sauce encore plus crémeuse !).

Ajoutez les pâtes, mélangez bien et servez dans des assiettes semi-creuses en enroulant les spaghettis pour qu'ils forment comme des nids d'oiseau.

Si vous êtes fan de fromage, ajoutez du parmesan frais râpé.

les aubergines PARMESANES *ou parmigiana*

Encore un plat que j'adore et qui sent bon l'Italie.
Un peu long à réaliser, mais ça vaut le coup.

POUR 4 À 6 PERSONNES, IL VOUS FAUDRA :

- 4 AUBERGINES
- DE LA SAUCE TOMATE, BIO DE PRÉFÉRENCE (J'EN METS BEAUCOUP, MAIS C'EST À VOTRE CONVENANCE)
- 2 À 3 BOULES DE MOZZARELLA FRAÎCHE
- 1 CUILLÈRE À CAFÉ DE CONCENTRÉ DE TOMATES
- 2 À 3 MORCEAUX DE SUCRE
- 1 SACHET DE PARMESAN
- DE LA CHAPELURE
- DU ROMARIN ET DU THYM
- DE L'HUILE D'OLIVE
- DU SEL (FIN ET GROS) ET DU POIVRE

Coupez les aubergines en fines tranches dans le sens de la longueur. Saupoudrez-les de gros sel : ainsi elles vont « dégorger », c'est-à-dire rendre leur eau pendant 2 heures environ.

Pendant ce temps, versez la sauce tomate dans une casserole. Ajouter les morceaux de sucre, le concentré de tomates, un peu de sel (pas trop, car les aubergines sont déjà salées avec le gros sel), du poivre, du romarin et du thym. Laissez mijoter à feu doux pendant 1 heure au moins.

Égouttez bien vos aubergines et enlevez le reste de gros sel avec de l'essuie-tout. Placez-les dans un plat allant au four, arrosez-les d'un filet d'huile d'olive, et passez-les au grill à 180 °C. Lorsqu'elles sont dorées, au bout de 10 à 15 minutes, sortez-les du four.

Dernière étape : prenez un grand plat de cuisson qui va au four. Versez de la sauce tomate au fond – une quantité généreuse. Étalez les lamelles d'aubergines sur la sauce, côte à côte. Sur cette première couche, déposez la mozzarella (détaillées au préalable en lamelles) et du parmesan. Recouvrez de sauce tomate, et répétez l'opération jusqu'à ce que vous ayez épuisé vos ingrédients. Saupoudrez de chapelure le dessus de votre parmigiana.

Mettez le tout au four pendant 40 minutes à 160 °C. C'est prêt.

ASTUCE
Je sers souvent mes parmigiana avec des bonnes pâtes longues de type spaghettis ou tagliatelles.

le tiramisù DE MON ENFANCE

En italien, **tira mi sù** *veut dire « remonte-moi le moral ». Et je peux vous assurer qu'avec cette recette, très facile et légère, vous n'aurez plus jamais le moral dans les chaussettes.*

POUR 6 PERSONNES, IL VOUS FAUDRA :

- 250 G DE MASCARPONE
- 35 BISCUITS À LA CUILLÈRE OU SAVOIARDI
- 3 ŒUFS BIEN FRAIS
- 75 G DE SUCRE EN POUDRE
- 1 TASSE DE CAFÉ FROID (FORT)
- 1 CUILLÈRE À CAFÉ DE GRAND MARNIER OU DE RHUM AMBRÉ (EN OPTION)
- 2 CUILLÈRES À SOUPE DE CACAO EN POUDRE AMER

Séparez les blancs d'œufs des jaunes. Fouettez dans un saladier les jaunes avec le sucre en poudre jusqu'à ce que le mélange blanchisse. Ajoutez le mascarpone, puis remuez jusqu'à obtenir une crème bien lisse et épaisse. Gardez le mélange de côté.

Dans un autre saladier, montez les blancs en neige au batteur électrique. Il faut qu'ils soient bien fermes.

Incorporez-les ensuite délicatement à la préparation précédente à l'aide d'une spatule. Mélangez doucement pour obtenir une crème aérienne et homogène. C'est cette crème super-légère qui fera la différence.

Versez le café froid dans une assiette creuse et délayez-le avec un peu d'eau s'il est trop serré. Ajoutez le rhum ou le Grand Marnier (facultatif).

Tapissez un plat creux de papier sulfurisé. Trempez successivement la moitié des biscuits à la cuillère dans le café froid, puis déposez-les bien à plat dans le fond du plat. Recouvrez-les avec la moitié de la préparation au mascarpone. Faites une seconde couche avec le reste des biscuits et de crème au mascarpone.

Lissez la surface avec une spatule. Recouvrez de film alimentaire, puis placez le tiramisu au frais pendant 12 heures minimum avant le service.

Au moment de servir, sortez le tiramisu du réfrigérateur, retirez le film alimentaire et saupoudrez sa surface de cacao en poudre. *Buon appetito !*

ASTUCE

Si vos enfants ou vos convives n'aiment pas le café, vous pouvez le remplacer par un sirop de fruits en conserve (poire, abricot...) : cela permettra d'imbiber les biscuits sans leur donner un goût trop prononcé.

Checklist

DES RECETTES RAPIDES POUR UN APÉRO IMPROVISÉ RÉUSSI

LA QUICHE DE MA MAMAN

Le plat convivial par excellence : quand mes amis me rendent visite à l'heure du déjeuner ou du dîner, je leur sers cette quiche chaude, accompagnée d'une salade. À l'heure de l'apéro ? En dés, froide, et chacun se sert !

MINI-PIZZAS APÉRITIVES

À l'aide d'un verre, découpez plusieurs petits cercles dans une feuille de pâte à pizza. Recouvrez-les de sauce tomate, puis de fromage, garnissez-les avec, par exemple, d'une olive ou dés de jambon – n'hésitez pas à improviser avec ce que vous avez sous la main ! Enfournez pour 25 minutes à 180 °C et servez. Petits et grands, tout le monde va se régaler !

RILLETTES DE THON MAISON

Rien de plus simple à réaliser : mélangez du thon en boîte (je préfère à l'huile, mais au naturel ça marche aussi), un *cream cheese*, le jus d'un demi-citron. Servez avec des gressins. C'est frais, très agréable, surtout en été.

GUACAMOLE TRÈS CITRONNÉ

Personnellement, je le préfère ainsi. Prenez des avocats bien mûrs (c'est important), écrasez-les avec une fourchette (et pas au mixer !). Ajoutez des échalotes émincées, du sel, du poivre, du tabasco et beaucoup de jus de citron. Mon astuce : quand c'est la saison, j'intègre également des petits dés de tomates, pour la couleur et la fraîcheur.

Ce que j'aime, dans la plupart de ces recettes, c'est que vous pouvez les adapter en fonction de vos goûts et du contenu de votre frigo. Pratique quand des visiteurs que l'on n'attendait pas sonnent à la porte !

FLEURS D'ENDIVES ET SURIMI

Dans un saladier, mélangez du surimi en miettes, du *cream cheese*, du fromage râpé, du sel et du poivre. Dans un joli plat, disposez les feuilles d'endives comme une fleur. À l'intérieur, déposez une belle cuillère du mélange surimi-*cream cheese*.

TAPENADE MAISON

Pour un bon pot de tapenade, mixer 160 g d'olives noires (j'adore celles de Kalamata), 15 g de câpres à l'huile d'olive, 1 gousse d'ail, 8 feuilles de basilic, un bon filet d'huile d'olive (ou deux !), 1 pincée de sel et de poivre si les olives sont douces. Mixez les ingrédients et placez au frais jusqu'au moment du service.

SOLEIL TRESSÉ EN PÂTE FEUILLETÉE

C'est un apéro qui en jette, pourtant il nécessite très peu d'ingrédients et de technique. Recouvrez un disque de pâte de feuilletée d'une sauce et de fromage de votre choix (moi, j'aime beaucoup le combo pesto/parmesan ou *cream cheese*/jambon/gruyère râpé), puis déposez une seconde pâte feuilletée sur le dessus. Placez un verre ou une tasse au milieu de la pâte, appuyez légèrement pour que le bord du verre s'imprime dans la pâte sans l'entailler. Découpez des bandes en rayons autour du cercle central, et torsadez chaque bande. Avant d'enfourner, badigeonnez d'un jaune d'œuf pour faire briller.
Après 20 à 25 minutes à 180 °C, c'est prêt : à chaque invité de goûter les rayons de ce soleil gourmand.

Les recettes familiales *made in Bretagne*

On essaye de choisir des plats simples qui sentent bon la détente et le week-end, des plats bretons, la plupart du temps. C'est important pour moi d'apprendre à mes enfants, dès leur plus jeune âge, qu'il est bon de savoir ce qu'il y a dans leur assiette. Et la meilleure façon, c'est de cuisiner avec eux en leur expliquant d'où vient cette pomme et pourquoi on mange ce fruit en hiver mais pas en été, ou encore d'où proviennent ces œufs de poule fermiers qu'on va mettre dans la pâte à crêpes... Le plus souvent possible, je les emmène avec moi au marché, pour qu'ils comprennent que les moules dont on se délectera au déjeuner ont été ramassées par des pêcheurs du coin et que les frites croustillantes ont été d'abord des pommes de terre cultivées près de chez nous.

220118
LO 584689

les palourdes AU FOUR

ultra-simple, ultra-rapide, et tout simplement délicieux

Pour cette recette, achetez chez votre poissonnier ou au marché des palourdes fraîches et très volumineuses. Prenez-en 3 à 4 par convive.

VOUS N'AUREZ BESOIN QUE DE TROIS INGRÉDIENTS :

VOS PALOURDES	DU BEURRE D'ESCARGOT CONGELÉ	DE LA CHAPELURE

Ouvrez délicatement vos palourdes en prenant bien soin de ne pas vous blesser.

À l'aide d'un couteau, disposez la chair de la palourde d'un côté de l'une des coques.

Ajoutez du beurre d'escargot (pensez à le faire décongeler au préalable).

Sur le beurre d'escargot, parsemez de la chapelure.

Glissez dans le four préchauffé à 180 °C et laisser gratiner 10 à 15 minutes. Régalez-vous !

ASTUCE

Pour accompagner ces palourdes, un bon vin blanc sec fera l'affaire. À consommer avec modération, bien sûr.

le far
BRETON
un grand classique

POUR 8 PERSONNES, IL VOUS FAUDRA :

200 G DE PRUNEAUX DÉNOYAUTÉS (20 PRUNEAUX) 4 ŒUFS	600 ML DE LAIT ENTIER 200 G DE FARINE 150 G DE SUCRE OU DE CASSONADE	1 GOUSSE DE VANILLE 2 CUILLÈRES À SOUPE DE RHUM (OU D'ARÔME DE FLEUR D'ORANGER)

Placez les pruneaux dans un bol. Ajoutez 2 cuillères à soupe de rhum ou d'eau de fleur d'oranger, puis versez de l'eau très chaude, avant de couvrir le bol d'un torchon pour permettre aux pruneaux de gonfler et de se réhydrater.

Portez le lait à ébullition, avec la gousse de vanille préalablement fendue à l'aide de la pointe d'un couteau : dès que des bulles se forment, couvrez la casserole et laissez infuser la vanille hors du feu.

Dans un grand saladier, fouettez les œufs entiers et le sucre : le mélange doit bien mousser.

Incorporez alors la farine en mélangeant bien, jusqu'à obtenir une belle pâte lisse.

Versez en remuant le lait tiède infusé avec la vanille (retirez la gousse, mais gardez les graines).

Beurrez un grand plat à gratin rectangulaire allant au four (25 à 30 cm de diamètre), versez-y la pâte.

Égouttez les pruneaux et déposez-les sur la préparation dans le plat.

Préchauffez votre four à 190 °C, puis enfournez le plat pour 40 à 45 minutes.

Laissez refroidir complètement, avant de faire reposer le far breton 2 heures au frigo.

ASTUCE

Je prépare toujours mon far la veille, parce que je le trouve meilleur après une nuit entière au frigo.

En guise de *conclusion...*

J'avais envie de partager avec vous mes petits secrets simples du bonheur.
S'il fallait n'en retenir que quelques-uns, je vous dirais de nouveau que mes piliers sont la famille (mon « carré d'as »), la simplicité, la pudeur, mais aussi le travail et l'enthousiasme... et le rire de mes enfants.
Surtout, je crois profondément à la beauté des imperfections. Car, comme l'a si bien chanté Anne Sylvestre, « j'aime les gens qui doutent, les gens qui trop écoutent leur cœur se balancer ».
J'aime ces marques de notre humanité qui nous rendent uniques et si précieux aux yeux de nos proches.
Qui rendent certaines rencontres inoubliables.
Et puis, il y a ce trésor inestimable que j'ai la chance d'avoir. C'est le public, c'est vous. Des visages, des sourires, des présences bienveillantes. Merci d'être toujours près de moi.

Remerciements

Merci à mon mari, mes enfants, Claudia et Maël, de rendre ma vie plus belle. Je vous aime plus fort que le monde. Carré d'as pour toujours.

Merci à mon frère d'être le meilleur grand frère dont j'aurais pu rêver... *ti amo tanto.*

Merci à mes parents pour les valeurs que vous m'avez transmises. Je vous aime du plus profond de mon cœur.

Merci à Dolmen et à Menhir, vous êtes nos amours.

Merci à Sophie Rouanet pour ses mots, son écoute attentive, son implication et son professionnalisme.

Merci à Marie Lannurien, de l'agence BAM, pour sa présence bienveillante.

Merci à Louise pour tous ces après-midis d'échanges, ses sourires, son écoute, la boîte de bonbons, sans oublier les olives !

Merci à Sylvie Castioni...
Devant ton objectif, je me sens toujours belle et femme. Merci.

Merci à Laetitia Delhaie, tu sais déjà tout... mais merci d'être dans ma vie.

Merci à Fanélie Patras pour son stylisme. Merci également à Idriss.

Merci à TF1, en particulier à Thomas Pawlowski et au service communication.

Merci à l'association Gregory Lemarchal , et à Marc Teynier pour sa présence auprès de cette organisation.

Merci à PETA France. Merci au Refuge.

Merci à 30 millions d'amis. Merci à la Fondation Assistance Animaux.

Crédits

Couverture (plats 1 & 4), pages 9, 19, 22, 24-25, 28, 29, 31, 43, 44, 47, 49, 53, 61, 63, 71, 79, 80, 81, 83, 89, 92-93, 98, 105,110-111, 135, 139 © Sylvie Castioni
Pages 6, 14, 15, 41, 125, 140 © Sylvie Castioni/H&K
Pages 10, 95 © Sylvie Castioni/Bestimage
Pages 12, 16, 18, 32, 33, 34, 39, 40, 46, 57, 73,
74, 80, 106, 107, 112, 132, 147 © Collection particulière
Page 21 © Nicolas Gerardin
Pages 35, 36-37 © Studio Cabrelli
Page 51 © Les Petites Bombes
Page 57 © Carolina Yepes Jimenéz/Getty Images
Pages 58-59 © Poh Kim Yeoh/EyeEm/Getty Images
Page 61 © Anna Efetova/Getty Images
Pages 77, 78, 80, 82, 84, 86, 87 Illustrations © Sally Bornot
Page 113 © Franck Castel/TV/Bureau233
Page 114 © Marwan Moussa
Pages 117, 118 © Laurent Zabulon
Page 121 © Laurent Vu/TF1
Pages 127, 129 © Christophe Chevalin/TF1/Sipa
Page 143 © Peta
Page 150 © Marathon vert
Page 151 © Alexander Spatari/Getty Images
Page 153 © Westend61/Alberto Bogo/Getty Images
Page 155 © David Malan/Getty Images
Page 157 © Jean-Philippe Wallet/Getty Images
Page 159 © Martin Dyrl-v/StockFood
Page 161 © Mondadori Portfolio/StockFood
Page 163 © Atelier Mai 98/StockFood
Page 167 © Pierre Hussenot/Getty Images
Page 169 © Bernhard Winkelmann/StockFood
Page 171 © Akiko Ida/StockFood

Avec la collaboration de Louise Giovanangelli
Création graphique et maquette : Élodie Chaillous - Studio Helloélo

Pour toutes les photos de Sylvie Castioni :
Stylisme de Fanélie Patras
Coiffure et maquillage de Laëtitia Delhaie

Photogravure : Point 11

N° d'édition : 62082/01
Dépôt légal : octobre 2021
Imprimé en France par Estimprim